prima Los geht's!

Deutsch für Kinder

AF150549

A1 | Band 1

Schülerbuch

Luiza Ciepielewska-Kaczmarek
Aleksandra Obradović
Susanne Sperling
Giselle Valman
Angelika Lundquist-Mog

Audios und **interaktive Übungen** verfügbar unter
go.cornelsen.de **Code: mivupe**

Cornelsen

prima Los geht's!

Deutsch für Kinder

A1 | Band 1

Im Auftrag des Verlages erarbeitet von
Luiza Ciepielewska-Kaczmarek, Aleksandra Obradović, Susanne Sperling,
Giselle Valman (Phonetik) und Angelika Lundquist-Mog (Animationsfilme und Feste feiern).

Redaktion: Kathrin Sokolowski, Corinna Hilger
Redaktionelle Mitarbeit: Gunther Weimann

Didaktisch-methodische Beratung: Prof. Dr. Zeynep Kalkavan-Aydin (PH Freiburg);
Michaela Aguiz (Kairo); Larissa Bilfinger (Goethe-Institut Lyon);
Pavel Sternberg (Grundschule Dresden)

Illustration: Ulla Mersmeyer, Berlin
Umschlaggestaltung und Layoutkonzept: Rosendahl Berlin, Agentur für Markendesign
Layout und technische Umsetzung: Marina Goldberg, Berlin

Weitere Materialien und Informationen zur Lehrwerksreihe prima Los geht's! finden Sie unter:
www.cornelsen.de sowie
www.cornelsen.de/daf-schule

1. Auflage, 5. Druck 2024

Alle Drucke dieser Auflage sind inhaltlich unverändert und können im Unterricht nebeneinander verwendet werden.

Druck und Bindung: Livonia Print, Riga

ISBN: 978-3-06-520625-9 (Schülerbuch)
ISBN: 978-3-06-521308-0 (E-Book)

PEFC
PEFC/12-31-006

PEFC zertifiziert
Dieses Produkt stammt aus nachhaltig bewirtschafteten Wäldern und kontrollierten Quellen.
www.pefc.de

Liebe Deutschlehrerinnen und Deutschlehrer,

prima Los geht's! richtet sich an Schülerinnen und Schüler ab der dritten Klasse, die Deutsch als Fremdsprache lernen. Ihre Sprachkompetenzen werden in motivierenden Lernarrangements und mit vielfältigen Aufgabentypen spielerisch aufgebaut.

Die Freunde Mia, Tom, Emil, Lukas und Lotte und ihr Hund Socke begleiten die Schülerinnen und Schüler im Deutschkurs mit prima Los geht's!

Das **Schülerbuch** sichert mit einem einführenden Modul *Los geht's!* einen leichten und begeisternden Einstieg in die ersten Deutschstunden.

Es folgen acht Einheiten mit altersgerechten Themen, die sich an der Lebenswelt der Kinder orientieren. Zahlreiche landeskundliche Einblicke, liebevolle Illustrationen, Lieder, Comics und Miniprojekte garantieren abwechslungsreichen Unterricht und schnellen Lernerfolg. Die **Audios zum Schülerbuch** sowie **interaktive Übungen** stehen Ihnen im Webcode kostenlos zur Verfügung.

Das **Arbeitsbuch** dient der Vertiefung des Lernstoffs. Es kann zusätzlich im Unterricht sowie zum selbständigen Üben und Wiederholen zu Hause eingesetzt werden. Die Hörübungen und Lieder erweitern zusätzlich das Hörverstehen.

In **Animationsfilmen** setzen Kater Leo und seine Freundin Ella das Gelernte in einen neuen Kontext.
Die dazugehörigen Aufgaben sind in die Wiederholungsphasen – die *Kleinen Pausen* im Schülerbuch – integriert.
Die vier Film-Clips stehen Ihnen als Download zur Verfügung.

Die **Handreichung für den Unterricht** enthält zusätzliche Erläuterungen und Tipps für den Unterrichtsverlauf, Kopiervorlagen, die zur Binnendifferenzierung eingesetzt werden können, sowie kurze Lernerfolgskontrollen zu allen Einheiten.

Sämtliche Materialien finden Sie unter *www.cornelsen.de/daf-schule*.

Wir wünschen Ihnen und Ihren Schülerinnen und Schülern viel Spaß und Erfolg beim Unterrichten und Lernen mit prima Los geht's!

Inhalt

5

6

7

8

2 Wo wohnst du?

3 **a** Hört zu und lest mit.

b Sprecht den Dialog mit euren Namen und Wohnorten.

3 Hört das Lied. Singt mit.

4

Hallo! Wer bist du?

Hey! Ich bin Sam.
Wer bist du?
Ich wohne in Köln.
Wo wohnst du?

Ich bin Sam.
Ich wohne in Köln.

Wer bist du?
Wo wohnst du?

4 Hallo, wie geht's?

a Was seht ihr? Sammelt in eurer Sprache.

5 b Hört zu und lest mit.

c Hört noch einmal. Wie geht es Mia, Lotte und Lukas? Kreuzt an.

6 d Hört zu und lest mit. Sprecht danach mit.

Hallo, wie geht's? — Danke, super.

Na, wie geht's? — Danke, gut.

Na, wie geht's? Schlecht? — Prima! Super! Klasse! Gut!

e Fragt und antwortet selbst. Spielt in kleinen Gruppen.

5 Guten Morgen!

a Was seht ihr? Sammelt in eurer Sprache.

7 b Hört die Begrüßungen und lest mit.

8 c Hört die Begrüßungen noch einmal und antwortet selbst.

9 d Hört nun nur die Geräusche. Ruft die passenden Begrüßungen.

6 Guten Tag und auf Wiedersehen!

10 a Hört die Dialoge. Lest mit.

b Spielt die Dialoge zu zweit nach.

Ich und du

1 Auf dem Schulhof

a Schaut das Bild an. Wo ist das? Was passiert? Sammelt in eurer Sprache.

11 b Hört zu und zeigt auf die Personen. Wer spricht?

c Hört noch einmal und lest leise mit.

d Lest die Dialoge zu zweit.

2 Herzlich willkommen!

12 a Hört zu und lest leise mit.

b Spielt den Dialog im Rollenspiel nach.

3 Guten Morgen! Wie geht's?

13 **a** Hört zu. Welche Silbe klingt besonders laut?

Guten **Mor**gen! Wie **geht's**?

Prima, **dan**ke!

Bis **spä**ter!

Tschüs! Viel **Spaß**!

b Hört noch einmal und lest leise mit.

c Sprecht zusammen: Wer kann die betonte Silbe am lautesten sprechen?

4 Wie heißt du?

a Schaut die Fotos an. Wie viele Mädchen und Jungen seht ihr?

14 b Hört den Kindern zu und ordnet die Fotos den Texten zu.

A

B

C

☐ ● Hallo, ich bin Luisa.

☐ ● Ich bin Maria. Und wie heißt du?
▲ Ich heiße Ali.

☐ ● Ich heiße Ben. Und wie heißt du?
▲ Ich heiße Moritz.
● Woher kommst du?
▲ Ich komme aus Köln.

c Hört noch einmal und sprecht leise mit.

15 d Hört zu. Spielt dann eine Runde Karussell mit euren Namen.

Hey du, hör mir zu! Ich heiße Ali. Und wie heißt du?

Hey du, hör mir zu! Ich komme aus Berlin. Woher kommst du?

Ich heiße Maria.

Ich komme aus Hamburg.

16 e Hört zu. Spielt dann eine Runde Karussell mit euren Städten.

5 Wohnst du jetzt hier?

17 Hört zu und lest mit. Spielt danach den Dialog mit den Handpuppen (S. 77/79) nach.

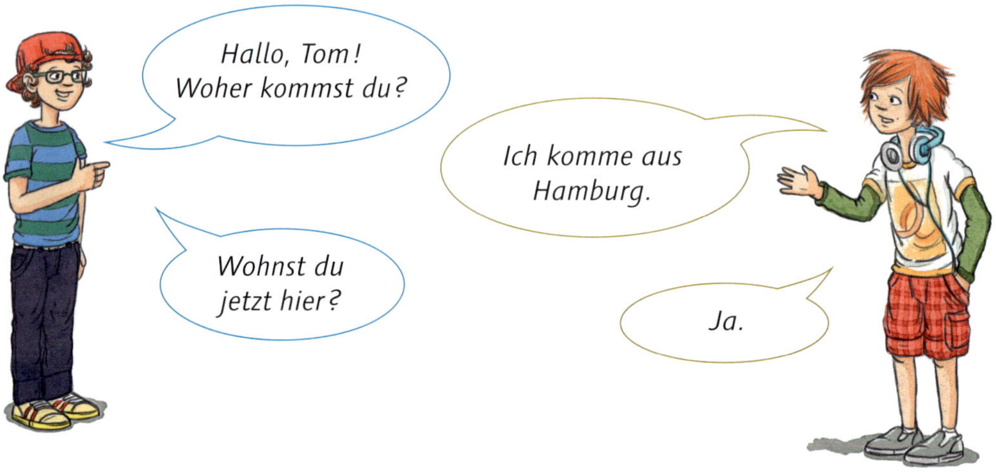

6 Hobbys: Was machst du gern?

18 **a** **Schaut die Fotos an und hört die Geräusche dazu.**

19 **b** **Hört zu und ordnet die Fotos den Sätzen zu.**

- ☐ Ich singe gern.
- ☐ Ich schwimme gern.
- ☐ Ich spiele gern Fußball.
- ☐ Ich spiele gern Hockey.
- ☐ Ich spiele gern Basketball.
- ☐ Ich spiele gern Tischtennis.

20 **c** **Hört zu und lest mit.**

d **Lest noch einmal zu zweit. Nennt eure Hobbys.**

e **Spielt Pantomime. Stellt Hobbys dar. Die anderen raten.**

7 Was machst du gern?

21 Hört das Lied. Singt mit.
Welche Bewegungen passen zum Lied? Macht mit!

Ich spiele gern Fußball.
Ich spiele gern.
Ich spiele gern Basketball.
Ich spiele gern.

Ich singe gern.
Ich tanze gern.
Ich schwimme gern.
Ich male gern.

Ich spiele gern Hockey.
Ich spiele gern.
Ich spiele gern Tennis.
Ich spiele gern.

Was machst du gern?
Was spielst du gern?
Was machst du gern?
Was spielst du gern?

Miniprojekt

Was machst du gern? Was machst du nicht gern?

Arbeitet zu viert. Malt große Blumen auf Plakate.
Schreibt eure Namen in die Mitte. Schreibt dann in die Blütenblätter, was ihr gern macht und was ihr nicht gern macht.
Hängt alle Blumen im Klassenzimmer auf.

Das kannst du

Fragen und antworten

Wie geht's?	Prima. Super. Klasse. Schlecht.
Wer bist du?	Ich bin …
Wie heißt du?	Ich heiße …
Wo wohnst du?	Ich wohne in …
Woher kommst du?	Ich komme aus …
Was machst du gern?	Ich tanze gern.
Was machst du nicht gern?	Ich spiele nicht gern Tennis.

Jemanden begrüßen

Hallo! Guten Morgen!
Guten Tag! Guten Abend!

Jemanden verabschieden

Tschüs! Bis später!
Auf Wiedersehen!

Grammatik

Ich heiße …	Du heißt …
Ich wohne in …	Du wohnst in …
Ich komme aus …	Du kommst aus …

Aussprache

Betonte Silben laut sprechen: Guten **Mor**gen!

Comic

Lest und spielt die Szene mit den Handpuppen nach.

Meine Freunde

1 Meine Freundin, mein Freund

a Schaut das Bild an. Was seht ihr? Sammelt in eurer Sprache.

22 b Hört zu. Wer spricht? Zeigt auf die Kinder.

c Wer ist Lottes Freundin? Wer ist Mias Freund?

d Hört noch einmal und lest leise mit. Lest danach mit euren Namen.

2 So sind meine Freunde

Was passt zusammen?

3 Die Satzmelodie

23 a Hört zu und lest leise mit. Die blaue Linie zeigt die Satzmelodie. Wann geht sie nach oben, wann nach unten?

Ich bin **To**mas. | Ich bin **sport**lich.
Das ist Ma**ri**a. | Sie ist **lus**tig.
Das ist **So**cke. | Er ist **süß**.

b Hört noch einmal. Zeichnet die Satzmelodie mit dem Finger in der Luft mit.

c Sprecht zusammen mit. Wer kann die betonte Silbe am höchsten sprechen?

4 Spiel: Sich vorstellen

Spielt in Gruppen. Dreht den Stift und stellt euch gegenseitig vor.

Lernziele: die Freunde vorstellen; über Hobbys von Freunden sprechen; Zahlen bis 12; nach dem Alter fragen

5 Was macht das Kind?

24 **a** Schaut die Fotos an und hört zu.

Leonie macht Karate.

Oskar spielt Computerspiele.

Aaron spielt Tennis.

Emma spielt Gitarre.

Timo telefoniert.

Anne lacht.

Laura macht Sport.

Kim spielt Karten.

b Hört noch einmal und lest leise mit.

c Fragt und antwortet zu zweit.

Was macht Timo?

Er telefoniert.

Was macht Kim?

Sie spielt Karten.

6 Wer ist das?

a Beschreibt eine Mitschülerin oder einen Mitschüler. Schreibt auf Karten. Mischt die Karten.

Tina
Sie macht gern Sport.
Sie malt nicht gern.
Sie ist lustig.

Jonas
Er telefoniert gern.
Er spielt nicht gern Gitarre.
Er ist schlau.

b Jeder zieht eine Karte und liest vor. Die anderen raten, wer ist das?

Das ist Pedro.

Das ist Jonas.

Wer ist das? Er telefoniert gern.

Nein, falsch. Er spielt nicht …

Ja, richtig.

7 Die Zahlen von 0 bis 12

25 **a** Hört zu und lest mit.

0 1 2 3
Null, eins, zwei, drei – ich bin dabei.

4 5 6
Vier, fünf, sechs – oh, ein Klecks!

7 8
Sieben und acht – die Klasse lacht!

9 10
Neun und zehn – auf Wiedersehen!

11 12
Elf und zwölf – Nun fang an!
Du bist dran!

b Hört noch einmal und sprecht mit.

8 Zahlen und Sport

26 **a** Hört und sprecht die Zahlen von null bis zwölf mit Kraft mit.

b Sprecht nun die Zahlen mit Tempo: Wer liest am schnellsten?

3 – 10 – 6 – 1 – 9 – 12   5 – 8 – 11 – 0 – 2 – 7

11 – 4 – 9 – 7 – 10 – 5   8 – 2 – 0 – 12 – 6 – 3

c Wie viel ist …? Stellt euch gegenseitig Rechenaufgaben.

3 + 5 = …   5 + 2 = …   9 – 7 = …   12 – 6 = …

\+ plus   – minus   = ist gleich

9 Wie alt bist du?

27 **a** Hört zu und lest leise mit.

b Fragt euch in der Klasse.

Wie alt bist du?

Ich bin … Jahre alt.

10 Schüler-Portraits

a Seht zuerst die Fotos an. Lest dann die Texte und ordnet die Fotos zu.

Schüler-Chat +Neue Nachricht Optionen ⇨ Startseite

☐ Hallo, ich heiße Lena. Ich bin 10 Jahre alt. Mein Hobby ist der Computer. Ich spiele gern Computerspiele.

☐ Hallo! Ich bin Hannes. Ich spiele gern Tennis und ich spiele sehr gut. Ich bin 11 Jahre alt.

☐ Hey, ich heiße Imka. Ich bin 9 Jahre alt. Ich liebe Ballett und tanze sehr gern.

☐ Hi! Ich bin Mario. Ich bin 10. Basketball ist super. Ich spiele gern Basketball.

Das ist ...
Er ist ...
Er ...

b Wählt ein Kind aus und beschreibt es. Arbeitet zu zweit.

Miniprojekt

Was macht deine Klasse gern? Sammelt eure Hobbys. Malt Bilder dazu. Gestaltet ein Plakat und stellt es in der Klasse vor.

Ben spielt gern Gitarre.

Maja spielt gern Tischtennis.

Nele schwimmt gern.

Ulla tanzt gern.

Tim spielt gern Fußball.

Das kannst du

Fragen und antworten

Wer ist das?	Das ist Socke.
Was macht Emil?	Er spielt Tennis.
Was macht Lotte?	Sie lacht.
Wie alt bist du?	Ich bin 9 Jahre alt.

Freunde beschreiben

Meine Freundin heißt Antonia. Sie ist 9 Jahre alt. Sie ist sportlich.
Sie spielt gern Tennis. Sie spielt nicht gern Gitarre.

Zahlen bis 12

0 null	1 eins	2 zwei	3 drei	4 vier	5 fünf	6 sechs
7 sieben	8 acht	9 neun	10 zehn	11 elf	12 zwölf	

Grammatik

machen	*telefonieren*	*sein*
ich mache	ich telefoniere	ich bin
du machst	du telefonierst	du bist
er/sie macht	er/sie telefoniert	er/sie ist

Aussprache

Betonte Silben laut und melodisch hoch sprechen:

Das ist **Mia**.

Sie ist **lus**tig.

Comic

Lest und spielt den Comic mit den Handpuppen nach.

Würfelspiel

Ich bin dran.

Setzt eure Spielfiguren auf *Start*. Würfelt reihum.
Setzt auf das gewürfelte Feld und richtet die Frage an euren Nachbarn/eure Nachbarin.
Erreicht eine Spielfigur ein Aktionsfeld, löst ihr die Aufgabe gemeinsam.
Gewinner/in ist, wer als Erste/r das *Ziel* erreicht hat.

Du bist dran!

1 Wer ist Leo?

Kater Leo im Hafen

a Seht das Bild an. Was seht ihr?

b Ratet mal. Richtig ✓ oder falsch ✗?

Leo wohnt in Hamburg. ☐

Leo schwimmt gern. ☐

c Seht den Film an und kontrolliert eure Vermutungen.

d Wie findet ihr Leo?

☐ lustig ☐ langweilig ☐ cool ☐ witzig ☐ schlau ☐ sportlich

2 Leo und Ella

Seht die Bilder an und lest die Sätze. Was passt zusammen? Seht den Film noch einmal und vergleicht.

☐ *Ich gehe ins Tor.*

☐ *Ich bin sportlich und schlau.*

☐ *Hier ist das Tor.*

☐ *Oh, im Fluss schwimmt ein Ball.*

3 Steckbriefe

Schreibt und malt Steckbriefe für Leo und Ella. Beendet die Sätze und schreibt weitere. Hängt die Steckbriefe in der Klasse auf.

Leo ist ...

Leo wohnt in ...

Leo spielt gern ...

Ella ist ...

Ella wohnt in ...

Ella spielt gern ...

Meine Schulsachen

1 Der Füller, die Tasche, das Buch

a Schaut die Fotos an. Was seht ihr? Sammelt in eurer Sprache.

28 b Hört zu und zeigt die Schulsachen auf den Fotos.

c Hört noch einmal. Sprecht die Gegenstände mit Artikel nach.

2 Schulsachen und Silben

29 a Hört zu und lest leise mit. Welche Silbe klingt laut?

b Hört noch einmal und sprecht mit. Sprecht die betonte Silbe laut.

der **Fül**ler | der **Blei**stift | der **Bunt**stift | der **Ku**li | der **Spit**zer

der Ra**dier**gummi | der **Ruck**sack | die **Ta**sche | die **Fe**dertasche

die **Sche**re | das Line**al** | das **Buch** | das **Heft**

c Schaut noch einmal auf die Schreibtische. Fragt und antwortet zu zweit.

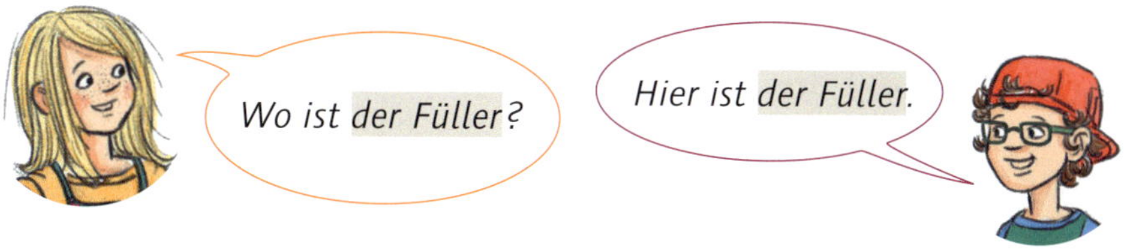

3 Kettenspiel

Wiederholt alle Schulsachen.

4 Viele Schulsachen

a Wie viele Schulsachen findet ihr? Zählt und notiert.

Hier sind ☐ Spitzer, ☐ Rucksäcke, ☐ Scheren, ☐ Bücher, ☐ Kulis, ☐ Radiergummis, ☐ Füller, ☐ Taschen, ☐ Federtaschen, ☐ Lineale, ☐ Buntstifte, ☐ Hefte, ☐ Bleistifte.

30 b Hört zu und kontrolliert eure Ergebnisse.

5 Die Füller, die Taschen, die Bücher

31 a Hört zu und sprecht nach. Achtet auf die betonten Silben.

b Spielt zu zweit. Nutzt das Bild in Aufgabe 4. Wechselt die Rollen.

Ich sehe was, was du nicht siehst.

Falsch! *Richtig!*

*die **Bü**cher*

*die **Ruck**säcke*

*die Ra**dier**gummies*

...

c Federtaschen: Was seht ihr? Sprecht zu zweit.

Hier sind drei Scheren, ...

d Was ist in euren Federtaschen?

6 Das Alphabet

32 a Hört genau und lest mit.

A a	B b	C c	D d	E e	F f	G g	H h	I i	J j
K k	L l	M m	N n	O o	P p	Q q	R r	S s	T t
U u	V v	W w	X x	Y y	Z z	Ä ä	Ö ö	Ü ü	ß

b Hört noch einmal und sprecht nun mit.

7 Buchstabieren

a Schreibt euren Namen auf.
Buchstabiert ihn.

33 b Welcher Buchstabe fehlt?
Hört zu und ergänzt die fehlenden Buchstaben. Lest dann die Wörter laut vor.

Ta _ chen   B_cher   K_lis   Line_l

34 c Hört zu. Welcher Gegenstand wird buchstabiert? Ergänzt die Reihenfolge.

8 Wie schreibt man das?

35 a Hört zu und lest mit.

b Spielt den Dialog mit anderen Schulsachen nach.

9 Abc-Party

36 Hört zu und singt mit.

A B C D E F G H I Das ist der Anfang deiner Abc-Party.
J K L M N O P Q R Du lernst das Alphabet, wenn du gut zuhörst.
S T U V W X Y Z Sing auch noch einmal mit, so ist das Alphabet perfekt.

A B C D E F G H I J K L M N O P – das Alphabet
Q R S T U V W X Y Z – perfekt!
Ich singe das Alphabet, du singst das Alphabet, sie singt das Alphabet, er singt das Alphabet.

Z Y X W V U T S R Q P O N M L K J I H G F E D C B A – jetzt ist das Alphabet klar!

Miniprojekt

Findet für jeden Buchstaben ein Wort und gestaltet eine Abc–Kette. Hängt sie in der Klasse auf.

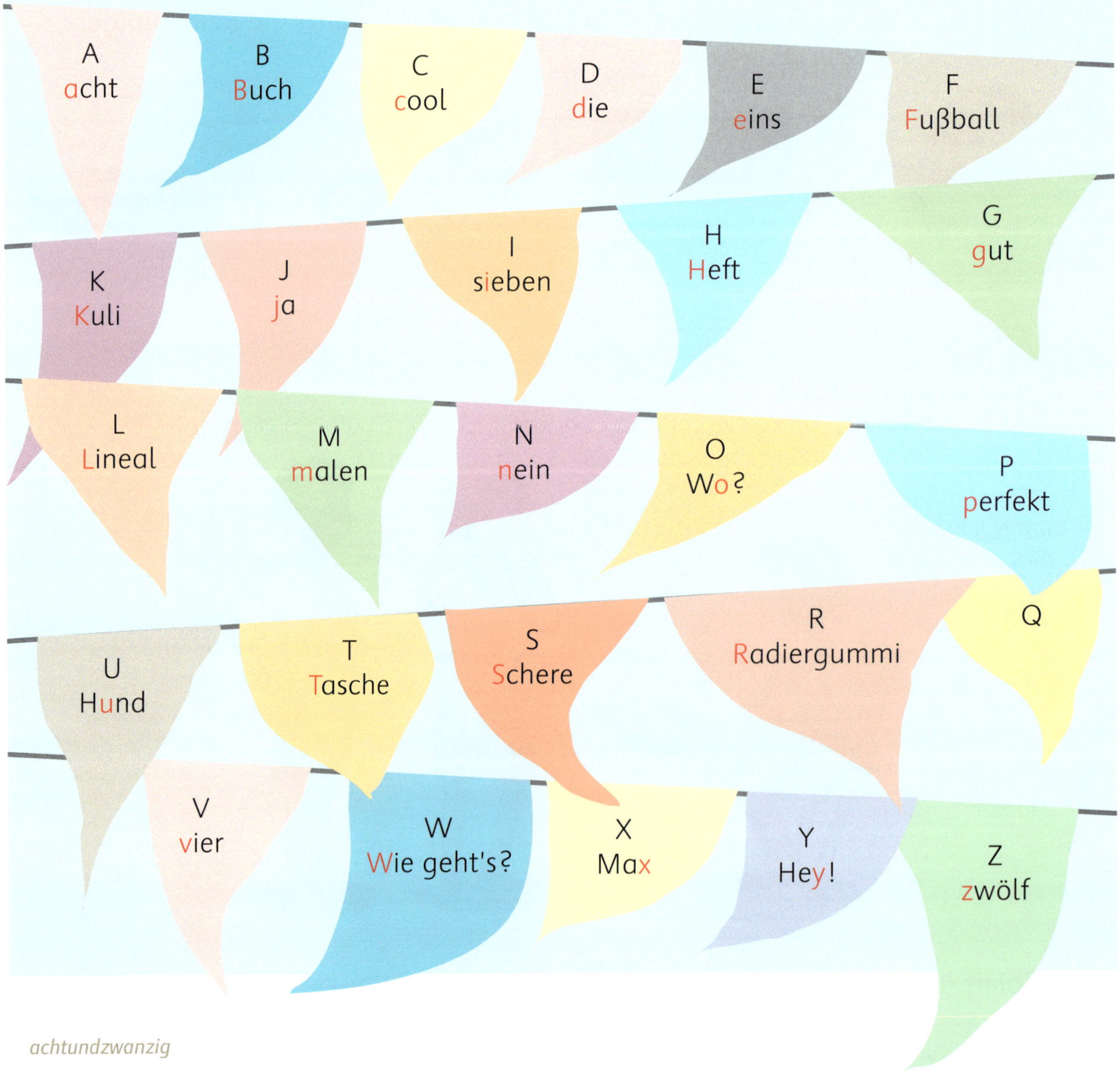

Das kannst du

Fragen und antworten

Wo ist der Füller?	Hier ist der Füller.
Wo sind die Bleistifte?	Hier sind die Bleistifte.
Wie schreibt man das?	Das schreibt man …

Etwas bewerten

Das ist leicht.	Das ist schwer.

Das Alphabet

A a	B b	C c	D d	E e	F f	G g	H h	I i	J j
K k	L l	M m	N n	O o	P p	Q q	R r	S s	T t
U u	V v	W w	X x	Y y	Z z	Ä ä	Ö ö	Ü ü	ß

Grammatik

Artikel im Singular und Plural

der Füller – die Füller	die Tasche – die Taschen	das Buch – die Bücher
der Kuli – die Kulis	die Schere – die Scheren	das Heft – die Hefte

Aussprache

Betonte Silben laut sprechen: Ra**dier**gummi

Comic

Lest den Comic. Wo ist der Bleistift?

Meine Schule

1 Mias Schule

a Schaut die Bilder an. Was seht ihr?

37 b Hört zu und lest leise mit.

c Lest den Text noch einmal. Was ist Mias Lieblingsfach?

2 Welches Schulfach ist das?

Musik ☐ Deutsch ☐ Sachkunde ☐ Mathematik ☐

3 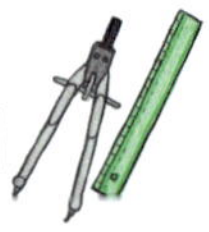

6 

1 

2 

5 

4 

7 

Kunst ☐ Sport ☐ Englisch ☐

3 Schulfächer mit Echo

38 a Hört zu und lest leise mit. Achtet auf die betonte Silbe bei den Schulfächern.

Mein Lieblingsfach ist **Deutsch**. Tolgas Lieblingsfach ist Mu**sik**.

Dein Lieblingsfach ist **Eng**lisch. Marios Lieblingsfach ist **Sach**kunde.

b Hört noch einmal und sprecht mit. Macht auch das Echo mit.

c Lest die Sätze zu zweit. Einer liest den Satz, der Zweite macht das Echo.

4 Was ist dein Lieblingsfach?

Fragt und antwortet.

5 Ich mag Sport

39 **a** Hört zu. Welche Fächer sind Lottes und Emils Lieblingsfächer? Kreuzt an.

Emil mag … Lotte mag …

☐ Deutsch ☐ Mathematik ☐ Musik ☐ Sport ☐ Sachkunde.

b Hört noch einmal und lest leise mit.

c Lest den Dialog mit anderen Fächern.

6 Magst du Musik? Spielt Karussell. Fragt euch gegenseitig.

Magst du Musik?

Ja, ich mag Musik. Musik ist toll.

Magst du Kunst?

Nein, ich mag Kunst nicht. Kunst ist langweilig.

👍 : cool, toll, leicht
👎 : langweilig, schwer, blöd

7 Lieblingsfächer in eurer Klasse

a Was mögen deine Mitschüler und Mitschülerinnen? Macht eine Liste der Lieblingsfächer.

Wer mag Deutsch?

Deutsch	II
Mathe	IIII
Englisch	I
…	

b Wertet aus.

Wir mögen Deutsch.

Wir mögen … nicht.

8 Wir haben Kunst

a Schaut die Fotos an. Was ist das? Ordnet zu.

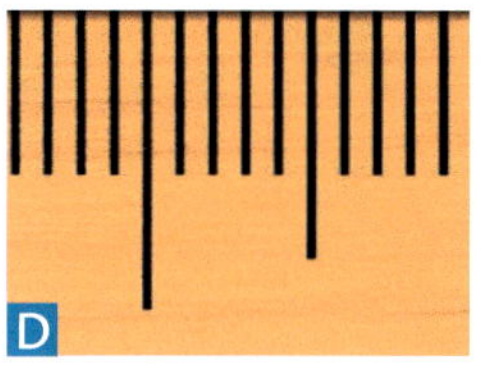

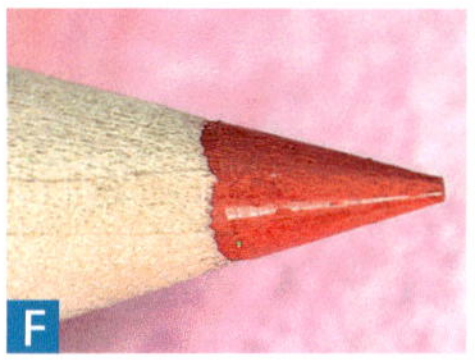

- ☐ ein Spitzer
- ☐ ein Buntstift
- ☐ ein Bleistift
- ☐ eine Schere
- ☐ eine Federtasche
- ☐ ein Heft
- ☐ ein Lineal

b Sprecht über eure Lösungen.

- ● Ist das ein Buntstift?
- ▲ Nein, das ist kein Buntstift. Das ist ein Bleistift.

- ● Ist das eine Schere?
- ▲ Nein, das ist keine Schere. Das ist ein Lineal.

- ● Ist das ein Lineal?
- ▲ Ja, das ist ein Lineal.

9 Radiergummis, Buntstifte, Scheren? Die Endmelodie

40 **a** Hört zu und lest leise mit. Achtet auf die blaue Linie.

Sind das **Radiergummis?**

Ja, das sind **Radiergummis.**

Sind das **Buntstifte?**

Nein, das sind keine **Buntstifte.**

b Hört zu und sprecht mit. Zeichnet die Satzmelodie mit dem Finger.

c Fragt und antwortet zu zweit mit Schulsachen im Plural.

Lineale · Hefte · Taschen · Scheren · Bleistifte · Spitzer · Füller

10 Linas Schule

a Schaut die Fotos an. Was seht ihr?

A

B

D

C

- ☐ *Ich mag Sport.*
- ☐ *Mathe ist mein Lieblingsfach.*
- ☐ *Hier sind die Lehrer.*
- A *Hallo, ich bin Lina.*

b Was sagt Lina? Lest die Sätze und ordnet sie zu.

Ich mag meine Schule.

41 **c** Hört zu und kontrolliert die Reihenfolge.

d Schreibt drei weitere Sprechblasen zu den Fotos.

Miniprojekt

Gestaltet ein Plakat über eure Schule.
Macht Fotos und schreibt Sätze dazu. Stellt das Plakat vor.

Unsere Schule

Wir sind Carlos, Uma, Lisa und Miriam.

Das ist die Hauptmann-Schule.
Wir mögen die Schule.

Die Lehrerinnen und Lehrer sind toll.
Wir haben Mathe.
Wir mögen Mathe.

Hier ist Pause. ☺

Das kannst du

Fragen und antworten

Was ist dein Lieblingsfach? Magst du Sport?	Mein Lieblingsfach ist Sport. Ja, ich mag Sport. Nein, ich mag Sport nicht.

Die Schule vorstellen

Das ist meine Schule. Das ist meine Klasse. Mein Lehrer heißt Herr …

Über Schulfächer sprechen

Mathematik ist schwer. Deutsch ist toll.	Sachkunde ist leicht. Musik ist langweilig.

Grammatik

mögen	ich mag du magst	er/sie mag wir mögen

die Artikel der Bleistift ein Bleistift kein Bleistift	die Tasche eine Tasche keine Tasche	das Lineal ein Lineal kein Lineal	die Lineale – Lineale keine Lineale

Aussprache

Die Akzentposition bei Fächern realisieren: **Sach**kunde, Mathema**tik**
Die Endmelodie bei der Frage steigend ↗ und bei der Antwort fallend ↘ sprechen.

Comic

Lest den Comic. Spielt die Szene mit den Handpuppen nach.

Würfelspiel

Setzt eure Spielfiguren auf *Start*. Würfelt reihum.
Setzt auf das gewürfelte Feld.
Beantwortet die Frage oder löst die Aufgabe auf dem Feld.
Wer zuerst im *Ziel* ist, gewinnt.

1 Leo in der Schule?

a Was denkt ihr? Geht Leo in die Schule?
Wie findet Leo die Schule?

b Schaut den Film und beantwortet die Fragen.
Was ist richtig?

Leo geht ☐ nicht in die Schule. ☐ in die Schule für Kinder. ☐ in die Schule für Katzen.

Leo findet Schule ☐ langweilig. ☐ cool. ☐ lustig.

2 Leos Lieblingsfach

Lest zuerst die Fragen. Seht den Film noch einmal und antwortet danach.

a Was braucht Leo in der Schule? Ergänzt die Buchstaben.

B _ _ _ e r

H _ _ t e

F _ _ e r t _ _ _ _ e

b Was ist Leos Lieblingsfach?

Leos Lieblingsfach ist ______________.

3 Leo in der Schule

a Seht die Bilder an. Welche Reihenfolge ist richtig?

1 

☐ 

☐ 

☐ 

b Welcher Satz passt zu welchem Bild? Tragt die Zahlen ein.

☐ *Dann haben wir jetzt mein Lieblingsfach: Sport.*

☐ *Ich gehe in die Schule.*

☐ *Ich heiße Leo: L-E-O.*

☐ *Mir ist so langweilig.*

Meine Woche

	Montag	Dienstag	Mittwoch
	Karate	Hockey spielen	Fußball spielen
	Hockey spielen	tanzen	Fußball spielen

1 Was machst du heute?

a Schaut den Wochenplan an. Was machen Lotte und Lukas?

42 b Hört das Gespräch und zeigt auf die Wochentage, die ihr hört.

Lukas macht Karate.

Lotte tanzt.

2 Die Wochentage – betonte Silben

43 a Hört zu und lest mit. Achtet auf die betonte Silbe im Wort.

b Hört noch einmal und sprecht mit.

Montag **Diens**tag **Mitt**woch **Don**nerstag

Freitag **Sams**tag **Sonn**tag

c Hört noch einmal. Achtet nun auf das g am Ende! Wie klingt es? Kreuzt an.

Tag klingt am Ende wie ☐ *g.* ☐ *ch.* ☐ *k.*

Donnerstag	Freitag	Samstag	Sonntag
lernen	Deutsch-Test	Emil kommt	
lernen	Deutsch-Test	Oma und Opa besuchen	

3 Eine Woche

Spielt das Ballwurfspiel. Nennt den jeweils folgenden Wochentag.

4 Der Wochenplan

Schaut noch einmal den Wochenplan von Lotte und Lukas an. Fragt und antwortet.

Was macht Lotte am Montag?

Am Montag spielt sie Hockey.

Was macht Lukas am Dienstag?

Am Dienstag spielt er Fußball.

5 Hobbys

44 **a** Schaut die Fotos an. Hört dann und zeigt auf das passende Bild.

Filme sehen

Musik hören

Freunde treffen

Klavier spielen

Rad fahren

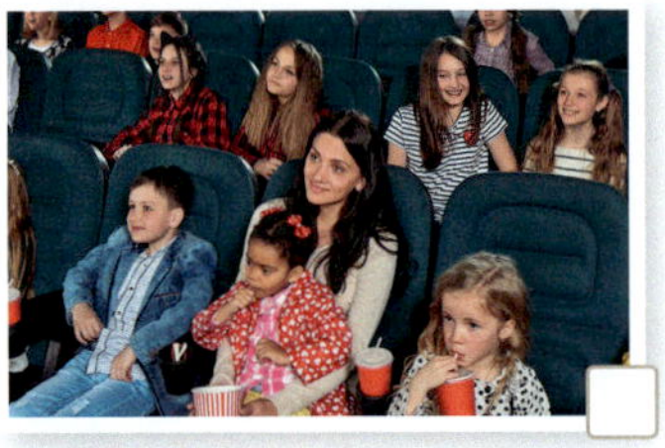
ins Kino gehen

Comics lesen

b Welche Hobbys magst du? Kreuze die Fotos an.

45 **c** Hört die Fragen und Antworten. Lest leise mit.

Liest du gern Comics? ↗	Ja, ich lese gern Comics. ↘
Triffst du gern Freunde? ↗	Ja, ich treffe gern Freunde. ↘
Fährst du gern Rad? ↗	Nein, ich fahre nicht gern Rad. ↘
Gehst du gern ins Kino? ↗	Nein, ich gehe nicht gern ins Kino. ↘
Siehst du gern Filme? ↗	Ja, ich sehe gern Filme. ↘
Hörst du gern Musik? ↗	Ja, ich höre gern Musik. ↘

d Hört noch einmal. Sprecht mit und zeichnet die Satzmelodie in der Luft mit.

e Schreibt Fragen auf Kärtchen.
Fragt euch gegenseitig in der Klasse. Tauscht dann die Kärtchen.

Fährst du gern Rad?

Siehst du gern Filme?

6 Wochenpläne

a Lest die Texte und ordnet die Bilder zu.

A

B

- [ ] Mia trifft gern Freunde. Am Montag gehen sie zusammen ins Kino.
- [ ] Tom mag Sport. Am Dienstag fährt er Rad. Am Donnerstag spielt er Hockey.
- [ ] Emil spielt am Mittwoch Klavier. Am Freitag liest er Comics.

C

b Lest noch einmal und ergänzt die Tabelle.

	Montag	Dienstag	Mittwoch	Donnerstag	Freitag

	*geht ins Kino*				

...					
...					

c Wer macht was? Korrigiert die Sätze.

Am Montag spielt Mia Hockey.
Am Dienstag spielt Tom Klavier.
Am Freitag trifft Emil Freunde.
Am Donnerstag liest Tom Comics.

Was machst du am Montag?

d Fragt zwei Kinder in der Klasse und ergänzt die Tabelle in b.

7 Machen wir zusammen Hausaufgaben?

46 **a Hört zu und lest die Dialoge.**

- ● Spielen wir am Samstag Computerspiele?
- ▲ Nein, ich habe keine Lust.

- ● Fahren wir am Samstag Rad?
- ▲ Nein, ich habe keine Zeit.
- ● Schade.

- ● Machen wir zusammen Hausaufgaben?
- ▲ Wann?
- ● Am Mittwoch?
- ▲ Ja, das geht.

b Spielt die Dialoge nach.
Variiert die markierten Wörter.

8 Am Wochenende

47 Hört das Lied. Singt mit.

Was machst du am Wochenende?
Was tust du am Wochenende?
Was machst du am Wochenende?
Was tust du? Was machst du?

Montag, jeden Montag – Hausaufgaben.
Dienstag, jeden Dienstag – Hausaufgaben.
Mittwoch, jeden Mittwoch – Oma und Opa besuchen.
Donnerstag und Freitag – wieder Hausaufgaben.
Doch dann ist Wochenende, Wochenende, Wochenende, Wochenende!

Montag, jeden Montag – Hausaufgaben.
Dienstag, jeden Dienstag – Hausaufgaben.
Mittwoch, jeden Mittwoch – Klavier spielen.
Donnerstag und Freitag – wieder Hausaufgaben.
Doch dann ist Wochenende, Wochenende, Wochenende, Wochenende!

Miniprojekt

Was machen wir am Wochenende?

Erstellt eine Collage. Schreibt Sätze und zeichnet Bilder zum Wochenende oder bringt Fotos mit. Stellt eure Collage in der Klasse vor.

Das kannst du

Über die Woche sprechen

Am Montag mache ich Karate. Am Dienstag gehe ich ins Kino. Am Mittwoch mache ich Hausaufgaben. Am Donnerstag spiele ich Klavier. Am Freitag fahre ich Rad. Am Samstag und Sonntag besuche ich Oma und Opa.

Fragen und antworten

Spielst du gern Gitarre?	Nein, ich spiele nicht gern Gitarre.
Triffst du gern Freunde?	Ja, ich treffe gern Freunde.

Sich verabreden

Spielen wir am Montag Basketball?	Ja, das geht.
Gehen wir am Dienstag ins Kino?	Nein, ich habe keine Lust.
Spielen wir am Mittwoch Gitarre?	Nein, ich habe keine Zeit.

Grammatik: unregelmäßige Verben

	fahren	lesen	sehen	treffen
ich	fahre	lese	sehe	treffe
du	fährst	liest	siehst	triffst
er/sie	fährt	liest	sieht	trifft
wir	fahren	lesen	sehen	treffen

Aussprache

Die betonte Silbe in den Wochentagen realisieren: Am **Mon**tag, am **Diens**tag

Comic

Lest. Was macht Emil? Was macht Socke?

Das esse ich gern

1 Eine Eisdiele

a Wo ist das? Was seht ihr? Sammelt in eurer Sprache.

48 b Hört zu und zeigt auf die Eissorten.

49 c Hört das Gespräch von Tom und Emil. Lest leise mit.

▲ Schau mal, eine Eisdiele!
■ Eis, lecker!
▲ Magst du Erdbeereis?
■ Ich liebe Erdbeereis. Und du?
▲ Ich auch. Aber mein Lieblingseis ist Schokoladeneis.
■ Komm mit! Eine Kugel Erdbeereis, bitte!
● Hier, bitte. Und du?
▲ Zwei Kugeln Schokoladeneis, bitte!

d Lest das Gespräch zu dritt. Setzt andere Eissorten ein.

2 Eissorten und lange Vokale

50 a Hört zu. Achtet auf den langen Vokal in den betonten Silben.

b Hört noch einmal. Lest laut mit. Wer spricht die langen Vokale am längsten aus?

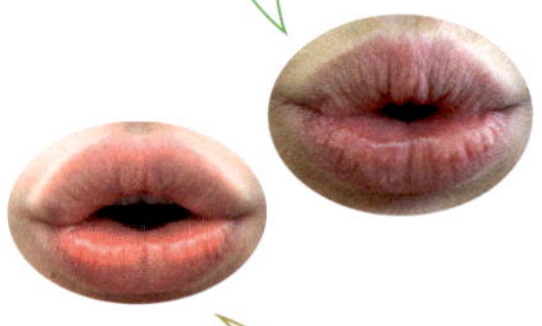

Erdbeereis | Va**nil**leeis | Schoko**la**deneis | Mara**cu**jaeis

Mangoeis | **Ki**wieis | Zi**tro**neneis

3 Für Naschkatzen

a Wie heißen die Süßigkeiten? Verbindet die passenden Fotos und Wörter.

Schokolade | Gummibärchen | Bonbons | Popcorn | Kekse

51 **b** Hört zu und überprüft dabei Aufgabe a.

c Hört noch einmal und sprecht mit.

d Ballwurfspiel: Magst du …? Fragt und antwortet in der Klasse.

4 Das Frühstück

52 **a** Hört zu und lest leise mit.

☐ das Brot

☐ das Brötchen

☐ der Käse

☐ die Marmelade

☐ die Butter

☐ der Honig

☐ das Müsli

☐ das Wasser

☐ der Tee

☐ die Milch

☐ der Kakao

☐ der Saft

53 **b** Hört die Nahrungsmittel noch einmal durcheinander. Notiert die Reihenfolge.

5 Nahrungsmittel und lange Vokale

54 **a** Hört und achtet auf die langen Vokale in den betonten Silben.

das **Brot** | das **Bröt**chen | der **Kä**se | die Marme**la**de

der **Ho**nig | das **Müs**li | der **Tee**

b Hört noch einmal. Lest mit und sprecht nach.

c Wiederholt die Wörter. Streckt bei langen Vokalen die Arme weit aus.

6 Wer isst und wer trinkt was zum Frühstück?

55 **a** Hört zu und verbindet die passenden Bilder.

Tom isst ... mit .... Er trinkt ...

b Notiert und vergleicht eure Ergebnisse.

c Und du? Was isst du? Was trinkst du zum Frühstück? Sprecht zu zweit.

- ● Was isst du zum Frühstück?
- ▲ Ich esse Brot mit Käse.

- ● Was trinkst du zum Frühstück?
- ▲ Ich trinke Tee oder Milch.

d Sprecht in der Klasse.
Wiederholt, was euer/eure Nachbar/in sagt.

7 Wir haben Pause. Was esst ihr gern?

56 **a** Hört das Interview.
Was essen die Schüler und Schülerinnen gern?
Zeichnet ein:

sehr gern · gern · nicht gern

der Reporter Mika

Pause!
Was esst ihr gern?
Was trinkt ihr gern?

Lea

Ich esse
oft Obst.

Tara

Guten Appetit!

Sebastian

b Was essen die Kinder gern? Was essen sie nicht gern? Berichtet.

Lea trinkt **sehr gern** … Sie isst **gern** … Sie trinkt **nicht gern** …

c Spielt Reporter/in. Befragt euch.

Es ist Pause. Was esst ihr gern?
Was trinkt ihr gern?

d Sammelt eure Antworten. Berichtet dann in der Klasse.

Was essen sie gern?

Was trinken sie gern?

	sehr gern	gern	nicht gern
Tarek	Müsli	…	…
…	…	…	…

Sie essen
sehr gern …

8 Ein Gedicht

57 **a** Hört und lest das Gedicht.

Brot
Brot und Käse
Käse
Käse und Salat
Brot
Brot und Salat
Brot und Käse und Salat
Pause!

Apfel ______
Apfel ______ *und* ______ *Banane* ______
______
______ *und* ______ ______
______
______ ______ ______
______ ______ ______ ______ ______
______

b Schreibt ein Gedicht. Ihr könnt die Vorlage nutzen oder ein anderes Thema wählen. Lest es in der Klasse vor. Überlegt euch vorher, wie ihr es vorlesen möchtet: laut, leise, lustig, …

Miniprojekt

Erstellt ein Bildwörterbuch zum Thema „Essen und Trinken“. Ihr könnt Fotos aus Zeitschriften nutzen oder selber zeichnen. Stellt euer Bildwörterbuch in der Klasse vor.

Wir essen gern …

Wir trinken gern …

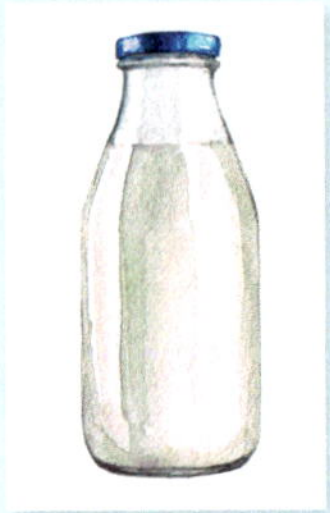

Wir essen nicht gern …

Wir trinken nicht gern …

Unser Lieblingsobst ist …

Das kannst du

Eis bestellen

Eine Kugel Zitroneneis, bitte! Zwei Kugeln Schokoladeneis, bitte!

Sagen, was ich zum Frühstück esse und trinke

Was isst du zum Frühstück?	Ich esse Brot mit Käse.
Was trinkst du zum Frühstück?	Ich trinke Milch oder Tee.

Sagen, was ich sehr gern / gern / nicht gern esse und trinke

Ich esse sehr gern Brot.	Ich trinke sehr gern Saft.
Ich esse gern Obst.	Ich trinke gern Kakao.
Ich esse nicht gern Honig.	Ich trinke nicht gern Milch.

Grammatik

trinken		essen	
ich trinke	wir trinken	ich esse	wir essen
du trinkst	ihr trinkt	du isst	ihr esst
er/sie trinkt	sie trinken	er/sie isst	sie essen

Aussprache

Lange Vokale in betonten Silben lang aussprechen:

Ich liebe Schoko**la**deneis. → *aaaa*	Ich mag **Ki**wieis. → *iiii*
Ich esse gern **Bröt**chen. → *öööö*	Ich trinke gern T**ee**. → *eeee*

Comic

Lest den Comic. Was hat Socke?
Spielt die Szene mit den Handpuppen nach. Ändert den Gegenstand.

Würfelspiel

Was macht ihr am …? Spielt zu viert.
Je zwei sind ein Team. Spielt wie im Beispiel.

	⚀	⚁	⚂	⚃	⚄	⚅
	am Montag	*am Dienstag*	*am Mittwoch*	*am Donners-tag*	*am Freitag*	*am Wochen-ende*
⚀ ich	Hausaufgaben machen	Basketball spielen	Bücher lesen	Fußball spielen	singen	ins Kino gehen
⚁ du	Musik hören	malen	Comics lesen	telefonieren	Karate machen	Oma und Opa besuchen
⚂ er/sie	Fußball spielen	Deutsch lernen	Freunde treffen	malen	Musik machen	Klavier spielen
⚃ wir	schwimmen	telefonieren	Hausaufgaben machen	Tischtennis spielen	Deutsch lernen	Filme sehen
⚄ ihr	Karten spielen	Karate machen	Musik hören	Musik hören	Rad fahren	Computerspiele spielen
⚅ sie	tanzen	Klavier spielen	Filme schauen	Hausaufgaben machen	Sport machen	tanzen

1 Leo und Ella essen Frühstück

a Was denkt ihr? Was mag Leo gern zum Frühstück? Was mag Ella?

b Seht den Film an. Was stimmt? Wer mag was?

2 Angeln wir heute zusammen?

Lest zuerst die Fragen. Seht den Film noch einmal und antwortet.

a Was macht Ella am Freitag? Kreuzt an.

☐ Klavier spielen ☐ Karate ☐ Freunde treffen ☐ mit Leo Frühstück essen

b Welche Reihenfolge ist richtig? Tragt die Zahl ein.

☐ 

☐ 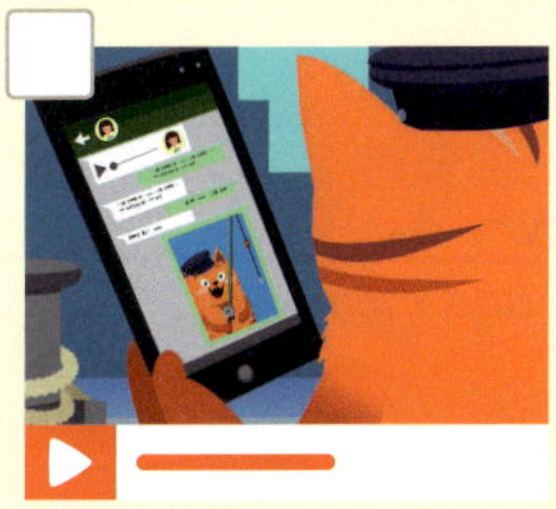

☐ 

☐ 

c Welcher Satz passt zu welchem Bild? Tragt die Zahl ein.

☐ *Heute essen wir Katzenfutter.*

☐ *Magst du Brötchen und Honig?*

☐ *Hahaha, das ist ja ein Ball. Isst du gern Bälle?*

☐ *Angeln wir heute zusammen?*

3 Leo isst gern Fisch

Schreibt und malt ein leckeres Fischessen für Leo auf Kärtchen.
Stellt es in der Klasse zusammen.

Fischgummibärchen
Fisch ...
Fisch ...

Fischeis

Meine Familie

1 Mias Familie

a Schaut die Bilder an. Was denkt ihr, wer ist auf den Fotos? Sammelt in eurer Sprache.

58 **b** Hört zu und zeigt das passende Foto.

c Lest die Texte. Ordnet jedem Text das passende Foto zu.

- ☐ *Das sind meine Eltern. Meine Mama und mein Papa.*
- ☐ *Das sind meine Großeltern, meine Oma und mein Opa.*
- ☐ *Das ist meine Schwester. Sie ist noch ein Baby.*
- ☐ *Das ist mein Bruder. Er liebt Fußball.*
- ☐ *Das sind meine Tante und mein Onkel, meine Cousine und mein Cousin.*
- ☐ *Meine Katze ist total verrückt.*

2 Familienmitglieder – der Wortakzent

59 **a** Hört zu. Achtet auf die betonte Silbe im Wort.

die **Ma**ma | die **O**ma | die **Schwes**ter | die **Tan**te | die Cou**si**ne

der **Pa**pa | der **O**pa | der **Bru**der | der **On**kel | der Cou**sin**

b Hört noch einmal und sprecht nach.

60 **c** Hört die Wörter. Achtet auf das lange a bei der unbetonten Silbe. Sprecht nach.

die **O**ma | der **O**pa | die **Ma**ma | der **Pa**pa

Omaaaa

D

3 Wer ist das?

Zeigt auf die Fotos und fragt.

Wer ist das?

Die Schwester.

die Großeltern:	die Oma	der Opa
die Eltern:	die Mama	der Papa
die Geschwister:	die Schwester die Tante die Cousine	der Bruder der Onkel der Cousin

4 Familienkette

Wiederholt alle Familienmitglieder.

5 Familien beschreiben

61 **a** **Ihr hört zwei Kinder. Welche Familien gehören zu den Kindern?**

b **Lest die drei Texte. Ordnet sie den Fotos zu.**

☐ Ich bin Hannes. Meine Familie ist groß. Das sind meine Eltern und meine Großeltern. Ich habe einen Onkel. Er ist cool. Ich habe eine Tante. Sie ist nett. Ich habe einen Bruder und eine Schwester.

☐ Ich bin Klara. Meine Familie ist klein. Das ist meine Mama. Das ist mein Papa. Meine Mama heißt Sabine. Sie liest gern. Mein Papa heißt Rene. Ich habe keine Geschwister. Wir haben eine Katze. Sie ist süß.

☐ Ich bin Emilia. Das sind meine Mama und mein Papa. Meine Mama heißt Lena. Mein Papa heißt Marco. Mein Papa ist sportlich. Ich habe einen Bruder. Er ist lustig. Wir haben einen Hund. Er heißt Bello.

c **Was steht im Text? Kreuzt an.**

Hannes hat	☐ eine Tante.	☐ einen Cousin.	☐ keine Katze.
Klara hat	☐ eine Katze.	☐ einen Hund.	☐ keine Großeltern.
Emilia hat	☐ eine Schwester.	☐ einen Bruder.	☐ keinen Bruder.

d **Und du? Fragt und antwortet.**

Hast du eine Schwester?

Nein, ich habe keine Schwester.

Hast du einen Bruder?

Ja, ich habe einen Bruder.

6 Meine Familie

Bringt Fotos mit und stellt eure Familien vor. Fragt und antwortet.

Wie viele Personen seid ihr?

Ist das deine Schwester?

Nein! Das ist meine Tante.

7 Zahlen von 13 bis 20

a Verbindet die passenden Aufgaben und Ergebnisse.

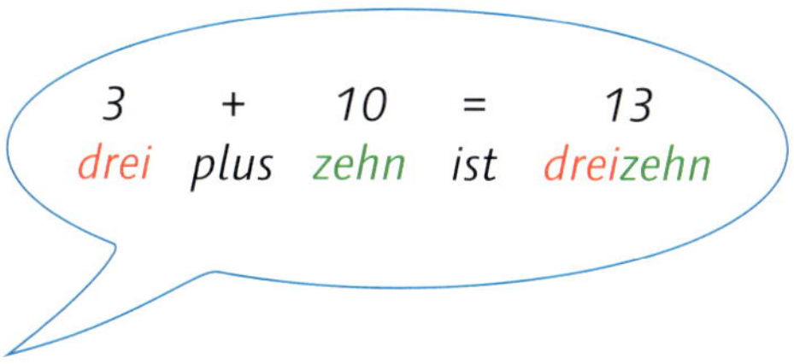

3 + 10 4 + 10 5 + 10 6 + 10 7 + 10 8 + 10 9 + 10 10 + 10

fünfzehn neunzehn dreizehn zwanzig sechzehn siebzehn vierzehn achtzehn

62 b Hört die Zahlen. Achtet auf die betonte Silbe in jeder Zahl.

13 **drei**zehn 14 **vier**zehn 15 **fünf**zehn 16 **sech**zehn 17 **sieb**zehn 18 **acht**zehn 19 **neun**zehn 20 **zwan**zig

c Hört noch einmal und sprecht laut mit.

d Sprecht die betonten Silben mit Kraft aus.

63 e Hört die Zahlen 13 bis 19 noch einmal.

Achtet nun auch auf das lange *e* in der unbetonten Silbe.

dreizehn **vier**zehn **fünf**zehn **sech**zehn **sieb**zehn **acht**zehn **neun**zehn

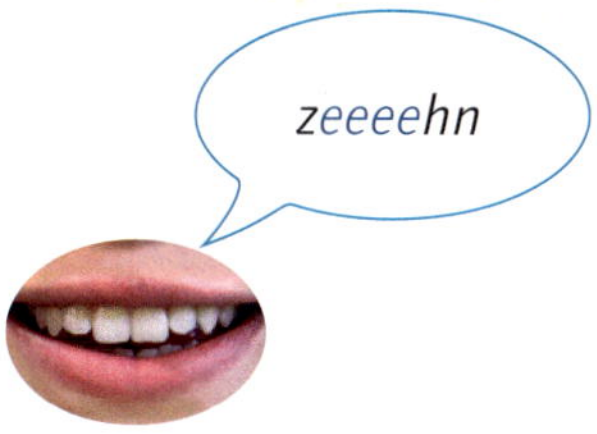

f Laufdiktat: Lest und diktiert die Zahlenreihen.

8 Zahlen-Rap 1 bis 20

64 **Hört zu. Singt die Zahlen mit.**

Zähl von 1 bis 10. Das ist kein Problem.
Ich liebe die Zahlen.
Ich zähle den ganzen Tag. Ich mache nichts anderes.

Zähl von 1 bis 20. Ich weiß, du kannst es.
Ich bin mir sicher, dass du das kannst.
Deshalb komm, fang gleich mit mir zu zählen an.

Eins – zwei – drei und vier.
Das hast du schnell kapiert.

Fünf – sechs – sieben und acht.
Noch mal kurz nachgedacht.

Neun – zehn – elf – zwölf – dreizehn.
Sag nicht, ich kann's nicht!

Vierzehn – fünfzehn – sechzehn – siebzehn – achtzehn – neunzehn – zwanzig.

Miniprojekt

Fantasiefamilien

Arbeitet in Gruppen. Zeichnet Familienmitglieder. Legt eure Familienmitglieder zu einer gemeinsamen Familie zusammen. Stellt eure Fantasiefamilie in der Klasse vor. Diese Fragen können euch helfen:

Wie viele Personen sind in der Familie?
Wie heißen die Personen?
Was machen sie gern?

Das kannst du

Deine Familie vorstellen und beschreiben

Meine Familie ist klein. Ich habe eine Schwester und einen Bruder. Mein Bruder ist nett. Meine Schwester ist cool.

Zahlen bis 20

1 eins, 2 zwei, 3 drei, 4 vier, 5 fünf, 6 sechs, 7 sieben, 8 acht, 9 neun, 10 zehn, 11 elf, 12 zwölf, 13 dreizehn, 14 vierzehn, 15 fünfzehn, 16 sechzehn, 17 siebzehn, 18 achtzehn, 19 neunzehn, 20 zwanzig

Grammatik

mein/dein Papa	meine/deine Mama
mein/dein Bruder	meine/deine Schwester
mein/dein Onkel	meine/deine Tante

Ich habe einen Bruder.	Ich habe eine Schwester.	Ich habe --- Geschwister.
Ich habe keinen Bruder.	Ich habe keine Schwester.	Ich habe keine Geschwister.

Aussprache

Wortakzent beachten: der **Bru**der, die **Schwes**ter, **drei**zehn, **vier**zehn
Vokale bei unbetonten Silben am Wortende lang realisieren: Mama → *aaaa*

Comic

Lest und zeichnet eure Familien.

Mein Lieblingstier

1 Auf dem Bauernhof

a Schaut das Bild an. Welche Tiere seht ihr?
Sammelt in eurer Sprache.

65 b Hört die Tierlaute und zeigt auf das passende Tier.

66 c Hört noch einmal und tragt die Zahlen ein.

☐	die Kuh	☐	der Hund
☐	das Pferd	☐	der Esel
☐	die Katze	☐	das Schwein
☐	der Hahn	☐	das Schaf

d Vergleicht eure Lösungen. Zeigt auf das Tier, fragt und antwortet.

Was ist das?

Das ist das Schwein.

2 Die Tiere

67 **a** Hört die Tiere im Singular und im Plural. Achtet auf das e am Wortende.

der Hund	der Hahn	das Pferd	die Kuh
die Hunde	die Hähne	die Pferde	die Kühe
das Schwein	das Schaf	die Katze	der Esel
die Schweine	die Schafe	die Katzen	die Esel

b Hört noch einmal und sprecht mit. Sprecht das e in der unbetonten Silbe am Wortende leise aus. Wer kann es am leisesten sprechen?

3 Karussell: Magst du Tiere?

Fragt und antwortet.

4 Haustiere

a Schaut die Fotos an.
Welche Tiere seht ihr?
Welche mögt ihr gern?

b Lest die Texte und ordnet die passenden Fotos zu.

☐ Luisa hat eine Katze. Die Katze heißt Ava. Sie ist noch klein und sehr süß. Sie frisst alles gern. Sie lebt im Haus.

☐ Anna hat einen Hund. Er heißt Bello. Er lebt im Haus. Er spielt gern im Park. Anna und Bello gehen oft spazieren. Bello frisst alles gern.

☐ Julian hat zwei Wellensittiche. Sie heißen Koko und Rosi. Sie singen sehr schön.

☐ Flora hat ein Kaninchen. Es heißt Biggi und frisst gern Karotten. Biggi lebt im Garten.

☐ Maria hat einen Goldfisch. Er heißt Linus und lebt im Aquarium. Maria füttert Linus jeden Tag. Er frisst alles gern.

c Ergänzt die Informationen aus den Texten.

	... hat	Was frisst er/sie/es?	Wo lebt er/sie/es?
Luisa	*eine Katze.*	*Sie frisst alles.*	*Sie lebt ...*
Anna	*einen ...*	*Er ...*	
Flora		*Es ...*	

d Fragt in der Klasse. Wer hat ein Haustier?

Hast du ein Haustier?

Nein, ich habe kein Haustier.

Ja, ich habe einen Hund/eine Katze/ein Kaninchen.

5 Im Zoo

68 a Welche Tiere sind auf dem Bild? Hört zu und zeigt die Tiere, die ihr kennt.

b Sucht die Tiere und tragt die Anzahl ein.

Wie viele Elefanten sind im Zoo?

Im Zoo sind …

☐ Elefanten, ☐ Giraffen, ☐ Eisbären, ☐ Tiger, ☐ Zebras, ☐ Nashörner,

☐ Pinguine, ☐ Kamele, ☐ Affen, ☐ Krokodile und ☐ Papageien.

69 c Hört zu und kontrolliert eure Ergebnisse.

d Welches Tier bin ich? Spielt Pantomime in der Klasse.

der Eisbär, das Kamel, das Nashorn, der Papagei, der Tiger, die Giraffe, der Pinguin, der Affe, das Krokodil, der Elefant, das Zebra

6 Tiger sind schnell

70 a Hört die Sätze. Achtet auf die betonten Adjektive im Satz.

Elefanten sind **klein**.

Nein, Elefanten sind **groß**.

b Sprecht zu zweit. Verwendet auch andere Tiere und Adjektive.

klein ≠ groß | schnell ≠ langsam | stark ≠ schwach | laut ≠ leise

71 7 Tiergedichte

Hört und lest das Gedicht. Schreibt dann ein ähnliches Gedicht zu einem Tier.

Mein Tier
klein
sehr lustig
es ist süß
ich liebe mein Haustier
Kaninchen

____
______
______ ______
______ ______ ______
______ ______ ______ ______
____

Miniprojekt

Beschreibt euer Lieblingstier. Gestaltet einen Steckbrief. Hängt alle Steckbriefe im Klassenzimmer aus und stellt eure Tiere in der Klasse vor.

Das Kaninchen

Was frisst es? *Karotten und Gras*

Wo lebt es? *im Wald, im Garten*

Wie schnell ist es?

1 2 3 4 5 6 7 8 9 10
langsam *schnell*

Wie laut ist es?

1 2 3 4 5 6 7 8 9 10
leise *laut*

Der Panda

Was frisst er? *Pflanzen (Bambus)*

Wo lebt er? *im Wald*

Wie schnell ist er?

1 2 3 4 5 6 7 8 9 10
langsam *schnell*

Wie laut ist er?

1 2 3 4 5 6 7 8 9 10
leise *laut*

Das kannst du

Tiere benennen

Auf dem Bauernhof
das Pferd – die Pferde
die Kuh – die Kühe
der Hahn – die Hähne
der Esel – die Esel

Haustiere
der Goldfisch – die Goldfische
das Kaninchen – die Kaninchen

Im Zoo
die Giraffe – die Giraffen
das Zebra – die Zebras

Tiere beschreiben

Das ist ein Goldfisch. Er ist lustig und spielt gern.Er lebt im Aquarium.

Grammatik

der Hund	*die Katze*	*das Kaninchen*
Hast du einen Hund?	Hast du eine Katze?	Hast du ein Kaninchen?
Ich habe einen Hund.	Ich habe eine Katze.	Ich habe ein Kaninchen.
Ich habe keinen Hund.	Ich habe keine Katze.	Ich habe kein Kaninchen.

Phonetik

Schwa-Laut
Bei den Tieren das *e* am Wortende leise sprechen: die Hunde, die Schafe

Kontrastakzentuierung
Bei Kontrasten die betonte Silbe lauter und melodisch höher sprechen:

Affen sind **langsam**. Nein, Affen sind **schnell**.

Comic

Lest den Comic. Spielt dann die Szene zu zweit mit anderen Tieren nach.

Bingo

Setzt eure Spielfiguren auf *Start*. Lest dann die Tiere auf eurem Bingo-Gitter. Würfelt und setzt eure Figur auf das entsprechende Feld weiter. Nennt das Tier auf dem Feld laut. Wer das Tier auf seinem Bingo-Feld hat, kann es ankreuzen. Gewinner/in ist, wer als Erste/r drei Felder senkrecht, waagerecht oder diagonal angekreuzt hat.

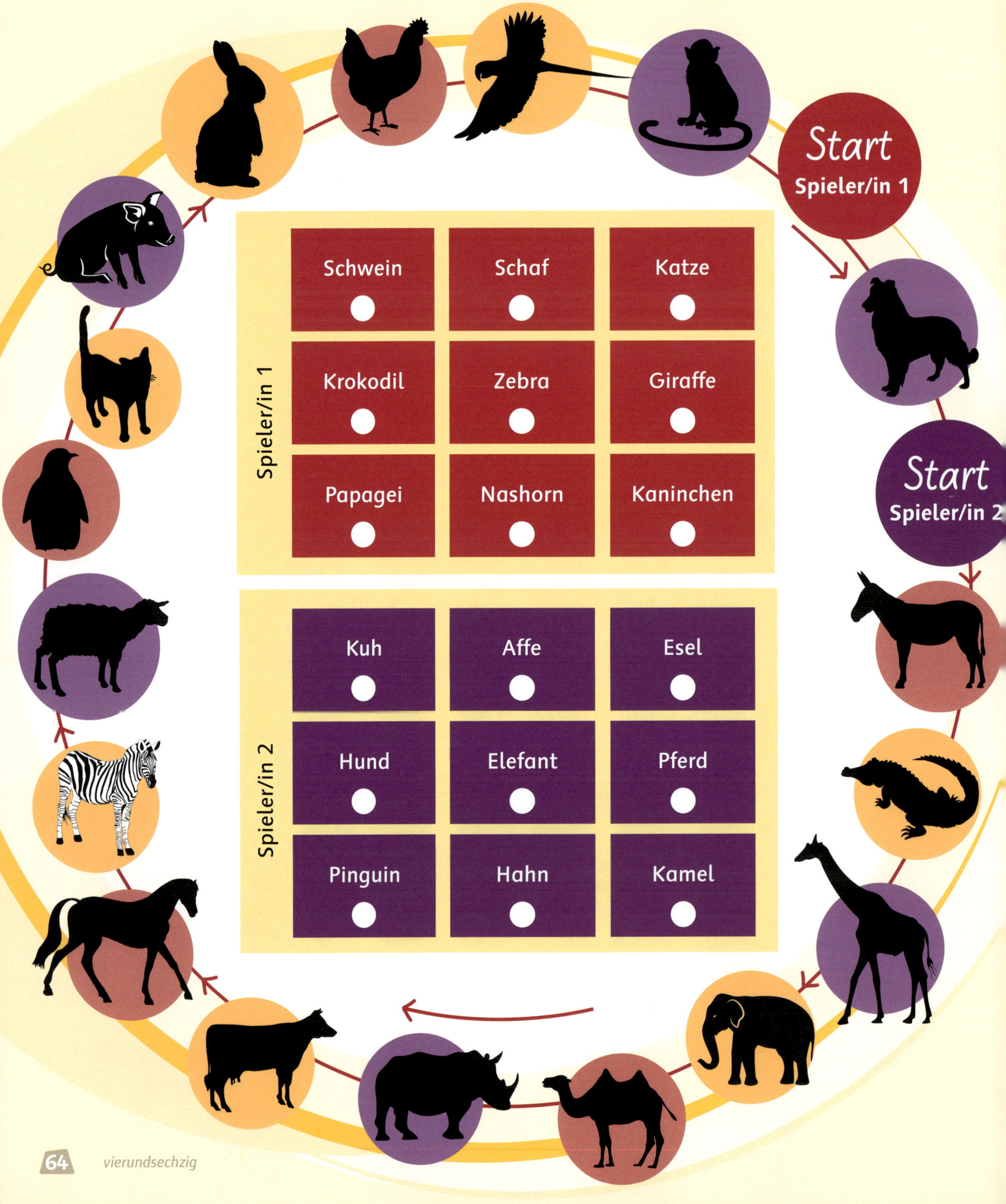

Spieler/in 1

Schwein ○	Schaf ○	Katze ○
Krokodil ○	Zebra ○	Giraffe ○
Papagei ○	Nashorn ○	Kaninchen ○

Spieler/in 2

Kuh ○	Affe ○	Esel ○
Hund ○	Elefant ○	Pferd ○
Pinguin ○	Hahn ○	Kamel ○

1 Leos Familie

a Was denkt ihr? Hat Leo Geschwister? Wie viele?

b Seht den Film an. Wie viele Geschwister hat Leo?

Leo hat ☐ Brüder und ☐ Schwestern.

2 Leo, Ella und Familien

Lest zuerst die Fragen. Seht den Film noch einmal und antwortet danach.

Was ist Leo jetzt?	☐ Onkel	☐ Opa	☐ Tante
Wie heißt Leos Bruder?	☐ Leo zwei	☐ Theo	☐ Mio
Wie alt ist Ellas Schwester?	☐ 16 Jahre	☐ 17 Jahre	☐ 18 Jahre

3 Lieblingstiere

a Seht die Bilder an. Welche Reihenfolge ist richtig?

☐  ☐  ☐  ☐ 

b Welcher Satz passt zu welchem Bild? Tragt die Zahl ein.

☐ Das sind meine Haustiere.
Ich liebe Goldfische.

☐ Das ist mein Lieblingstier.
Der Tiger.

☐ Der ist wie du, Leo.

☐ Das sind die Babys.

4 Leo und die Goldfische

Schaut das Bild an. Was <u>denkt</u> Leo hier? Was <u>sagt</u> Leo?
Schreibt eine Denkblase und eine Sprechblase.

1 Was machen Lotte und Lukas im Advent?

Advent sind die vier Wochen vor Weihnachten.

72 **a** Hört zu und lest leise mit. Sprecht dann nach.

73 **b** Hört zu. Ordnet den Fotos A, B, C, D zu.

der Adventskalender

Sterne basteln

der Adventskranz

Kekse backen

2 Wunschzettel für Weihnachten

Mein Wunschzettel

ein Skateboard
eine Gitarre
ein Buch
ein Meerschweinchen

Lukas

Mein Wunschzettel

ein Fahrrad
eine Jeans
ein Meerschweinchen

Lotte

74 **a** Was wünschen sich Lukas und Lotte? Hört zu und lest leise mit.

75 **b** Hört zu und zeigt auf die Wörter.

c Schreibt und malt euren Wunschzettel.

Mein Wunschzettel
...

3 Lotte und Lukas feiern

76 **a** Schaut das Bild an, hört zu und zeigt auf die Gegenstände.

77 **b** Hört zu. Was sagen alle zu Weihnachten? Sprecht nach.

Fröhliche …

c Hört noch einmal. Welche Wörter hört ihr? Kreuzt an.

 ☐

 ☐

 ☐

 ☐

 ☐

d Welche Geschenke sind für Lotte? Welche sind für Lukas?
Was steht auf den Wunschzetteln von Lotte und Lukas auf Seite 66?

4 Weihnachtslied

78 Hört zu und singt mit.

O Tannenbaum, o Tannenbaum,
wie grün sind deine Blätter!
Du grünst nicht nur zur Sommerzeit,
nein, auch im Winter, wenn es schneit.
O Tannenbaum, o Tannenbaum,
wie grün sind deine Blätter!

(Volkslied, Auszug, nach Joachim A. Zarnack, Ernst Anschütz)

1 Was machen wir zu Ostern?

Frohe Ostern!

79 a **Hört zu und zeigt auf die Bilder.**

Eier ins Nest legen

Eier ausblasen

Eier essen

Eier bemalen

Ostereier und Osternester suchen

Eier kochen

Osterstrauß schmücken

Eier färben

b **Lest. Was macht man zuerst, was dann? Wie ist die Reihenfolge richtig?**

1 Eier ausblasen – Osterstrauß schmücken – Eier bemalen

2 Eier färben – Eier kochen – Eier ins Nest legen – Ostereier und Osternester suchen   Eier essen

79 c **Hört zur Kontrolle noch einmal.**

2 Pantomime

Was machen wir zu Ostern? Spielt zu zweit. Die anderen Kinder raten.

3 Malspiel

80 **a Hört zu und ergänzt das Wort.**

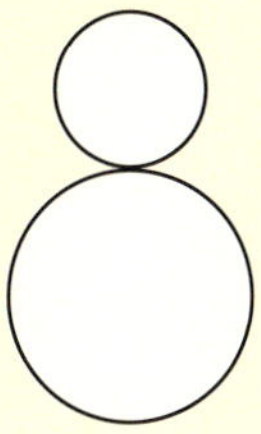

Großer Ball
und
kleiner Ball,

oben dran
zwei Ohren,

drum herum
noch viele Eier,

Arme, Augen,
Mund und Nase,
fertig ist der

___________*hase*.

b Malt den Hasen und die Eier. Malt euer Bild bunt aus.

4 Fehler suchen

a Schaut die Bilder an und lest. Was ist falsch? Wie heißt das richtige Wort?

Ich bin Laura.
Ich suche Eier.
Wo sind sie?
Da, bei den
~~Bäumen~~.

Hallo, ich bin
Maik. Ich mag
Tiere.
Das sind meine
drei Hunde.

Eva bastelt
gern.
Sie kocht
ein Ei.

Timo hat ein
Nest und viele
Osterhasen.

Tim und Oma
wünschen
frohe
Weihnachten!

b Fragt und antwortet zu zweit.

▲ Wo sucht Laura die Eier?
● Da, bei den *Blumen*.

▲ Was sagt Maik?
● Das sind meine … .

▲ Was macht Eva?
● Eva … ein Ei.

▲ Was hat Timo?
● Timo hat ein Nest und viele … .

▲ Was wünschen Tim und Oma?
● Sie wünschen frohe … .

Alphabetische Wortliste

Die alphabetische Wortliste enthält alle Wörter aus prima Los geht's! Band 1 mit Angabe der Einheit, der Aufgabe und der Seite, wo sie zum ersten Mal vorkommen (6/1c/44). Wörter aus Aufgabenstellungen sind nicht erfasst.

Bei den Nomen stehen der Artikel und die Pluralform (Blume, die, -n). Manche Nomen kommen nicht oder nur selten im Plural vor. Hier steht „nur Sg." Manche Nomen kommen nicht oder nur selten im Singular vor. Hier steht „nur Pl."

Bei Verben mit Vokalwechsel und bei unregelmäßigen Verben steht neben dem Infinitiv auch die 3. Person Sg. Präsens (essen, er/sie isst).

Ein • oder ein _ zeigt den Wortakzent: • kurzer Vokal (alle), _ langer Vokal (aber).

Fett gedruckte Wörter sind der Lernwortschatz. Der Lernwortschatz steht auch auf der Seite „Meine Wörter" im Arbeitsbuch.

A

aber 6/1c/44
Adventskalender, der, - Feste: Weihnachten/1a/66
Adventskranz, der, "-e Feste: Weihnachten/1a/66
Affe, der, -n 8/5b/61
alles 8/4b/60
Alphabet, das, -e 3/9/28
alt 2/9a/19
an 5/2c/38
anderes 7/8/56
Anfang, der, "-e 3/9/28
anfangen 2/7a/19
Aquarium, das, Aquarien 8/4b/60
auch Los geht's!/2a/7
Auf Wiedersehen! Los geht's!/6a/9
Auge, das, -n Feste: Ostern/3a/69
aus 1/4b/12
ausblasen Feste: Ostern/1a/68

B

Baby, das, -s 7/1c/52
backen Feste: Weihnachten/1a/66
Ball, der, "-e Feste: Ostern/3a/69
Ballett, das, nur Sg. 2/10a/20
Bambus, der, -se 8/Miniprojekt/62
Basketball (Sport) 1/1c/10
basteln Feste: Weihnachten/1a/66
Baum, der, "-e Feste: Ostern/4a/69
bemalen Feste: Ostern/1a/68
besuchen 5/1/38
Bis später! 1/1c/10
bitte 6/1c/44
Blatt, das, "-er Feste: Weihnachten/4/67
Bleistift, der, -e 3/1b/24
blöd 4/6/32
Blume, die, -n Feste: Ostern/4b/69
Bonbon, das, -s 6/3a/45
Brot, das, -e 6/4a/46
Brötchen, das, - 6/4a/46
Bruder, der, "- 7/1c/52
Buch, das, "-er 3/1b/24
Buntstift, der, -e 3/1b/24
Butter, die, nur Sg. 6/4a/46

C

Comic, der, -s 5/5a/40
Comics lesen 5/5a/40
Computer, der, - 2/10a/20
Computerspiel, das, -e 2/5a/18
Computerspiele spielen 2/5a/18
cool 1/6c/13
Cousin, der, -s 7/1c/52
Cousine, die, -n 7/1c/52

D

dabei 2/7a/19
danke Los geht's!/4d/8
dann 5/Lied/42
das 2/1d/16
Das geht. 5/7a/41
dein, deine 2/1d/16
denn 4/Comic/35
deshalb 7/8/56
Deutsch (Schulfach), das, nur Sg. 4/2/30
Dienstag, der, -e 5/1/38
doch 5/Lied/42
Donnerstag, der, -e 5/1/39
du Los geht's!/1/6
Du bist dran! Kl. Pause/Würfelspiel/22

E

Echt? 1/6c/13
Ei, das, -er Feste: Ostern/1a/68
ein, eine 4/8a/33
einmal 3/9/28
Eis, das, nur Sg. 6/1a/44
Eisbär, der, -en 8/5b/61
Eisdiele, die, -n 6/1a/44
Elefant, der, -en 8/5b/61
Eltern, die, nur Pl. 7/1c/52
Ende, das, -n 5/2c/38
Englisch (Schulfach), nur Sg. 4/1/31
er 2/1d/17
Erdbeere, die, -n 6/1a/44
Erdbeereis, das, nur Sg. 6/1c/44
Esel, der, - 8/1d/58
essen, er/sie isst 6/6c/46

F

fahren, er/sie fährt 5/5a/40
falsch 2/6b/18
Familie, die, -n 7/5b/54
färben Feste: Ostern/1a/68
Federtasche, die, -n 3/1b/24
Film, der, -e 5/5a/40
Filme sehen 5/5a/40
Frau (Anrede) 1/1c/11
Freitag, der, -e 5/1/39
fressen, er/sie frisst 8/4b/60
Freund, der, -e 2/1d/17
Freunde treffen 5/5a/40
Freundin, die, -nen 2/1d/16
froh Feste: Ostern/1a/68
Frohe Ostern! Feste: Ostern/1a/68
fröhliche Feste: Weihnachten/3b/67
Frühstück, das, nur Sg. 6/4/46
Füller, der, - 3/1b/24
Fußball (Sport) 1/6b/13
füttern 8/4b/60

G

Garten, der, "- 8/4b/60
gehen 5/5a/40
gern 1/6b/13
Geschenk, das, -e Feste: Weihnachten/3a/67
Geschwister, die, nur Pl. 7/5b/54
Giraffe, die, -n 8/5b/61
Gitarre spielen 2/5a/18
Gitarre, die, -n 2/5a/18
gleich: ist gleich 2/8c/19
Goldfisch, der, -e 8/4b/60
Gras, das, nur Sg. 8/Miniprojekt/62
groß 7/5b/54
Großeltern, die, nur Pl. 7/1c/52
grün Feste: Weihnachten/4/67
Gummibärchen, das, - 6/3a/45
gut Los geht's!/4a/8
Guten Abend! Los geht's!/5a/9
Guten Appetit! 6/7a/47
Guten Morgen! Los geht's!/5a/9
Guten Tag! Los geht's!/5a/9

H

haben, er/sie hat 4/1/30
Hahn, der, "-e 8/1c/58
Hallo! Los geht's!/1/6
Haus, das, "-er 8/4b/60
Hausaufgabe, die, -n 5/7a/41
Haustier, das, -e 8/4d/60
Heft, das, -e 3/1b/24
heißen 1/4b/12
Herr (Anrede) 1/1c/11
herum Feste: Ostern/3a/69
Herzlich willkommen! 1/2a/10
Hey! Los geht's!/1/7
hier 1/5/12
Hobby, das, -s 2/10a/20
Hockey (Sport), nur Sg. 1/6b/13
Honig, der, nur Sg. 6/4a/46
Hör mir zu! 1/4d/12
hören 5/5a/40
Hund, der, -e 2/1d/17

I

ich Los geht's!/1/6
Ich bin dran. 2/Comic/21
igitt 6/3d/45
ihr 6/7a/47
in Los geht's!/2a/7
ins Kino gehen 5/5a/40
ist gleich 2/8c/19

J

ja 1/1c/10
Jahr, das, -e 2/9a/19
Jeans, die, - Feste: Weihnachten/2a/66
jeder 5/Lied/42
jetzt 1/5/12
Junge, der, -n 4/1/30

K

Kakao, der, nur Sg. 6/4a/46
Kamel, das, -e 8/5b/61
Kaninchen, das, - 8/4b/60
kapieren 7/8/56
Karate (Sport) 2/5a/18
Karate machen 2/5a/18
Karotte, die, -n 8/4b/60
Karte, die, -n 2/5a/18
Karten spielen 2/5a/18
Käse, der, nur Sg. 6/4a/46
Katze, die, -en 7/1c/52
kein, keine 4/8b/33
Keine Ahnung. 3/8/27
keine Lust 5/7a/41
keine Zeit 5/7a/41
Keks, der, -e 6/3a/45
Kerze, die, -n Feste: Weihnachten/3a/67
Kino, das, -s 5/5a/40
Kiwi, die, -s 6/1a/45
Kiwieis, das, nur Sg. 6/2b/44
klar 3/9/28
klar: Ja, klar! 1/1c/10
klasse Los geht's!/4d/8
Klasse, die, -n 2/7a/19
Klavier spielen 4/1/30
Klavier, das, -e 4/1/30
Klecks, der, -e 2/7a/19
klein 8/6/61
klingen 5/2c/38
kochen Feste: Ostern/1a/68
Komm mit! 6/1c/44
kommen 1/4b/12
Krokodil, das, -e 8/5b/61
Kugel, die, -n 6/1c/44
Kugelschreiber, der, - 3/1b/24
Kuh, die, "-e 8/1c/58
Kuli, der, -s 3/1b/24
Kunst, die, nur Sg. 4/2/30

L

lachen 2/5a/18
langsam 8/6/61
langweilig 4/5a/32
laut 8/6/61
leben 8/4b/60
lecker 6/1c/44
legen Feste: Ostern/1a/68
Lehrer, der, - 4/1/31
Lehrerin, die, -nen 4/1/30
leicht 3/8a/27
leise 8/6/61
lernen 3/9/28
lesen, er/sie liest 5/5a/40
lieb 2/1d/17
lieben 2/10a/20
Lieblingsfach, das, "-er 4/1/31
Lieblingsobst, das, nur Sg. 6/Miniprojekt/48
Lineal, das, -e 3/1b/25
Los geht's! 3/Comic/29
Lust haben 5/7a/41
lustig 2/2/16

M

machen 1/6c/13
Mädchen, das, - 4/1/30
mal 6/1c/44
malen 1/6c/13
Mama, die, -s 7/1c/52
man 3/8/27
Mango, die, -s 6/1a/45
Mangoeis, das, nur Sg. 6/2b/44
Maracuja, die, -s 6/1a/44
Maracujaeis, das, nur Sg. 6/2b/44
Marmelade, die, nur Sg. 6/4a/46
Mathematik/Mathe (Schulfach), nur Sg. 4/1/31
Meerschweinchen, das, - Feste: Weihnachten/2a/66
mein, meine 2/1d/16
Milch, die, nur Sg. 6/4a/46
minus 2/8c/19
mit 6/6c/46
mitsingen 3/9/28
Mittwoch, der, -e 5/1/38
mögen, er/sie mag 4/5a/32
Montag, der, -e 5/1/38
Mund, der, "-er Feste: Ostern/3a/69
Musik hören 5/5a/40
Musik, nur Sg. (Schulfach) 4/1/30
Müsli, das, -s 6/4a/46

N

Na, wie geht's? Los geht's!/4d/8
nachdenken 7/8/56
Nachricht, die, -en 2/10a/20
Nase, die, -n Feste: Ostern/3a/69
Nashorn, das, "-er 8/5b/61
nein 1/6e/13
Nest, das, -er Feste: Ostern/1a/68
nett 7/5b/54
neu 2/10a/20
nicht 1/6c/13
nichts 7/8/56
noch 3/9/28
nun 2/7a/19

O

oder 6/6c/46
Obst, das, nur Sg. 6/7a/47
Ohr, das, -en Feste: Ostern/3a/69
Oma, die, -s 5/1/39
Onkel, der, - 7/1c/52
Opa, der, -s 5/1/39
Option, die, -en 2/10a/20
Osterei, das, -er Feste: Ostern/1a/68
Osterhase, der, -n Feste: Ostern/3a/69
Ostern, das, - Feste: Ostern/1a/68
Osternest, das, -er Feste: Ostern/1a/68
Osterstrauß, der, "-e Feste: Ostern/1a/68

P

Panda, der, -s 8/Miniprojekt/62
Papa, der, -s 7/1c/52
Papagei, der, -en 8/5b/61
Park, der, -s 8/4b/60
Party, die, -s 3/9/28
Pause, die, -n 4/1/30
Pausenbrot, das, -e 6/Comic/49
perfekt 3/9/28
Person, die, -en 7/6/54
Pferd, das, -e 8/1c/58
Pflanze, die, -n 8/Miniprojekt/62
Pinguin, der, -e 8/5b/61
plus 2/8c/19
Popcorn, das, nur Sg. 6/3a/45
prima Los geht's!/4a/8
Problem, das, -e 7/8/56

R

Rad fahren 5/5a/40
Rad, das, "-er 5/5a/40
Radiergummie, der, -s 3/1b/24
Reporter, der, - 6/7a/47
richtig 2/6b/18
Rucksack, der, "-e 3/1b/24

S

Sachkunde (Schulfach), nur Sg. 4/1/31
Saft, der, "-e 6/4a/46
sagen 1/Comic/15
Salat, der, -e 6/8a/48
Samstag, der, -e 5/1/39
schade 5/7a/41
Schaf, das, -e 8/1c/58
Schau mal. 6/1c/44
schauen 6/1c/44
Schere, die, -n 3/1b/25
schlau 2/2/16
schlecht Los geht's!/4a/8
schmücken Feste: Ostern/1a/68
schneien Feste: Weihnachten/4/67
schnell 8/6/61
Schokolade, die, -n 6/1a/44
Schokoladeneis, das, nur Sg. 6/1c/44
schön 8/4b/60
schreiben 3/8a/27
Schule, die, -n 4/1/30
schwach 8/6/61
Schwein, das, -e 8/1c/58
schwer 3/8a/27
Schwester, die, -n 7/1c/52
schwimmen 1/6b/13
sehen, er/sie sieht 3/5b/26
sehr 2/10a/20
sein, er/sie ist Los geht's!/1/6
sicher 7/8/56
sie (3. Pers. Sg.) 2/1d/16
sie (3. Pers. Pl.) 6/7d/47
singen 1/6b/13
Skateboard, das, -s Feste: Weihnachten/2a/66
so 3/9/28
Sommerzeit, die, -en Feste: Weihnachten/4/67
Sonntag, der, -e 5/1/39
Spaß, der, nur Sg 1/1c/11
spazieren gehen 8/4b/60
spielen 1/1c/10
Spitzer, der, - 3/1b/24
Sport machen 2/5a/18
Sport, der, nur Sg. 2/5a/18
Sportlehrer, der, - 4/1/31
sportlich 2/2/16
stark 8/6/61
Start, der, -s Kleine Pause 1+2/22
Startseite, die, -n 2/10a/20
Stern, der, -e Feste: Weihnachten/1a/66
super Los geht's!/4a/8
süß 2/1a/17

T

Tag, der, -e 5/2c/38
Tannenbaum, der, "-e Feste: Weihnachten/3a/67
Tante, die, -en 7/1c/52
tanzen 1/6c/13
Tasche, die, -n 3/1b/25
Tee, der, nur Sg. 6/4a/46
telefonieren 2/5a/18
Tennis (Sport) 1/7/14
Test, der, -s 5/1/39
Tiger, der, - 8/5b/61
Tischtennis (Sport) 1/6b/13
toll 4/1/31
total 7/1c/52
treffen, er/sie trifft 5/5a/40
trinken 6/6a/46
Tschüs! Los geht's!/6a/9
tun 5/Lied/42
Turnhalle, die, -n 4/1/31

U

und Los geht's!/1/6
unser, unsere 4/Miniprojekt/34

V

Vanille, die, nur Sg. 6/1a/45
Vanilleeis, das, nur Sg. 6/2b/44
verrückt 7/1c/52
Viel Spaß! 1/1c/11

W

Wald, der, "-er 8/Miniprojekt/62
wann 5/7a/41
was 1/6c/13
Wasser, das, nur Sg. 6/4a/46
Wellensittich, der, -e 8/4b/60
wer Los geht's!/1/6
wie Los geht's/4a/8
Wie geht's? Los geht's!/4a/8
Wie süß! 2/1d/17
wie viel 2/8c/19
wieder 5/Lied/42
Winter, der, - Feste: Weihnachten/4/67
wir 4/1/30
wissen, er/sie weiß 7/8/56
witzig 2/2/16
wo Los geht's!/2/7
Wochenende, das, -n 5/8/42
woher 1/4b/12
wohnen Los geht's!/2a/7
Wunschzettel, der, - Feste: Weihnachten/2c/66

Z

Zahl, die, -en 7/8/56
zählen 7/8/56
Zebra, das, -s 8/5b/61
Zeit, die, -en 5/7a/41
Ziel, das, -e Kleine Pause 1+2/22
Zitrone, die, -en 6/1a/45
Zitroneneis, das, nur Sg. 6/2b/44
Zoo, der, -s 8/5b/61
zuhören 3/9/28
zum: zu dem 6/6c/46
zusammen 5/7a/41

Buchstaben	Laute	Beispiele
a | aa | ah a	[aː] [a]	Karate | Staat | Zahl dann
ä | äh | ä	[ɛː] [ɛ]	Käse | zählen Sätze
ai	[aɛ̯]	Mai
au	[aɔ̯]	auch
äu	[ɔœ̯]	Geräusch
b | bb -b	[b] [p]	bis | Hobby lieb
ch chs	[ç] [x] [ks]	ich noch sechs
d -d | -dt	[d] [t]	du Abend | Stadt
e | ee | eh e -e	[eː] [ɛ] [ə]	Keks | Tee | sehr gern Tasche
ei -ey	[aɛ̯] [eː]	eine Hockey
eu	[ɔœ̯]	neun
f | ff	[f]	Freunde | treffen
g | gg -g -ig	[g] [k] [ɪç]	gut | joggen Tag zwanzig
h -h	[h] -	Haus wohnen
i | ie | ieh i	[iː] [ɪ]	Kino | Ziel | (sie) sieht nicht
j	[j]	ja
k | ck	[k]	Kugel | lecker
l | ll	[l]	leicht | toll
m | mm	[m]	morgen | Zimmer
n ng nk	[n] [ŋ] [ŋk]	nein Englisch Punkt

Buchstaben	Laute	Beispiele
o | oo | oh o	[oː] [ɔ]	Oma | Zoo | wohnen Woche
ö | öh ö	[øː] [œ]	blöd | fröhlich können
p | pp ph	[p] [f]	perfekt | Gruppe Alphabet
qu	[kv]	Aquarium
r | rr | rh -er	[ʁ] [ɐ]	Brot | Herr | Rhythmus Kinder
s s | ss | ß	[z] [s]	sein das | Klasse | Spaß
sch sp- st-	[ʃ] [ʃp] [ʃt]	Schulhof Sprache Start
t | tt | th -tion	[t] [tsi̯oːn]	Tiger | Mittwoch | Mathe Option
u | uh u	[uː] [ʊ]	Buch | Kuh Lust
ü | üh ü	[yː] [ʏ]	Schüler | Frühstück Füller
v v -v	[f] [v] [f]	vier Klavier aktiv
w	[v]	wo
x	[ks]	Text
y y -y	[yː] [ʏ] [iː]	typisch Rhythmus Hobby
z | zt	[ts]	zehn | jetzt

Bildquellen

Cover-Illustration: Cornelsen Verlag/Ulla Mersmeyer; **U 2:** Cornelsen Verlag/Ulla Mersmeyer, Berlin; **U 4:** Cornelsen/Ulla Mersmeyer – **S. 3** (oben): Cornelsen/Kids Interactive – **S. 4** (1. Foto von oben): Cornelsen/Gunther Weimann; (1. von unten): Cornelsen/Kids Interactive; (2. Bild von oben): Cornelsen/Gunter Weimann, Berlin; (2. Foto von unten): Cornelsen/Hugo Herold – Fotokunst, Michael Herold; (3. Foto von oben): Cornelsen/Gunther Weimann; (3. Foto von unten): Cornelsen/Katrin Sokolowski; (4. von oben): Cornelsen/Kids Interactive – **S. 5** (1. Foto von unten): Fotolia/aboikis; (1. Foto von oben): shutterstock/Photographee.eu; (2. Foto von oben): shutterstock/CoolR; (2. Foto von unten): shutterstock/NATALIA61; (3. von oben): Cornelsen/Kids Interactive; (3. von unten): Cornelsen/Kids Interactive; (Baby mit Bär): Fotolia/Ramona Heim; (Berge): Fotolia/JFL Photography; (Fußballer): Fotolia/Valua Vitaly; (Tapete): shutterstock/Irtsya – **S. 6**: Cornelsen/Gunther Weimann – **S. 7**: Cornelsen/Gunther Weimann – **S. 8** (Smileys): shutterstock/pavlo S – **S. 9** (oben links): Fotolia/Viacheslav Iakobchuk; (oben Mitte): Fotolia/highwaystarz; (oben rechts): Fotolia/antiksu – **S. 10/11** (Fotos oben): Cornelsen/Gunther Weimann; – **S. 12** (A): Fotolia/WavebreakmediaMicro; (B): Fotolia/pololia; (C): shutterstock/SpeedKingz – **S. 13** (A): Fotolia/luckybusiness; (B) : shutterstock/Sergey Novikov; (C): Cornelsen/Hugo Herold- Fotokunst, Michael Herold; (D): Fotolia/Dusan Kostic; (E): Cornelsen/Hugo Herold – Fotokunst, Michael Herold; (F): Fotolia/Sergey Novikov; **S. 16/17** (Fotos): Cornelsen/Gunther Weimann – **S. 18** (Computerkind): Fotolia/Syda Productions; (Gitarrenkind): Fotolia/pololia; (Handykind): Fotolia/Boggy; (Karatekind): Fotolia/JackF; (Kartenkind): Fotolia/Robert Kneschke; (Kind am Baum): Fotolia/coldwaterman; (Sportkinder): Fotolia/LIGHTFIELD STUDIOS; (Tenniskind): Fotolia/Stratos Giannikos – **S. 20** (A): Fotolia/sewcream; (B): Fotolia/Maria Moroz; (C): shutterstock/Africa Studio; (D): Fotolia/metaldom77 – **S. 20** (Fußball): Fotolia/schattensteller (Gitarre): shutterstock/Guzel Gaisina; (Schwimmen): shutterstock/GraphicsRF; (Tänzerin): shutterstock/GraphicsRF; (Tischtennis): shutterstock/Vadim Fromm – **S. 22** (oben): Fotolia/schattensteller – **S. 23** (Filmstills): Cornelsen/Kids Interactive – **S. 24/25** (Fotos): Cornelsen/Kathrin Sokolowski – **S. 26** (unten): Cornelsen/Katrin Sokolowski – **S. 27** (Buch): Fotolia/creativefamily; (Radiergummi): Fotolia/bloomline; (Schere): Fotolia/bloomline; (Spitzer): Fotolia/pixelrobot – **S. 30** (oben links): Cornelsen/Hugo Herold; (oben rechts): Fotolia/drubig-photo; (unten rechts): Cornelsen/Hugo Herold – **S. 31** (Fotos): Cornelsen/Hugo Herold – **S. 32** (Daumen): Shutterstock/ Pavlo S – **S. 33** (A): Fotolia/bloomline; (B; Bleistift): Fotolia/by-studio; (C): Fotolia/Destina; (D): Fotolia/blobbotronic; (E): Fotolia/mileswork; (F): Fotolia/puhimec; (G): Fotolia/Rulan; (oben): Fotolia/Christian Schwier; (Radiergummi): Fotolia/Maya Kruchancova – **S. 34** (A–C): Cornelsen/Kathrin Sokolowski; (Kinder): Fotolia/Christian Schwier; (Klasse): Fotolia/contrastwerkstatt; (Schule): shutterstock/giedre vaitekune; (Schüler): Fotolia/Christian Schwier – **S. 36** (blauer Kugelschreiber): Fotolia/Maya Kruchancova; (Lineal): Fotolia/blobbotronic; (Schere): Fotolia/bloomline; (Spitzer): Fotolia/pixelrobot; (weißer Kugelschreiber): Fotolia/Maya Kruchancova; (Würfel): Fotolia/schattensteller – **S. 37** (Filmstills): Cornelsen/Kids Interactive – **S. 38** (Hund): Fotolia/wegener17; (Wohnzimmer): shutterstock/Photographee.eu – **S. 39** (Fußball): Fotolia/Dusan Kostic; (Großeltern): Fotolia/Piotr Mitelski; (Karte): shutterstock/Aliaksei Tarasau; (Meerschwein): Cornelsen Verlag/Lina Sokolowski; (Snowboarder): Shutterstock/Pavlo S; (Zimmer): shutterstock/Photographee.eu – **S. 40** (Comics lesen): Fotolia/goodluz; (Filme sehen): Fotolia/Alexandr Vasilyev; (Freunde treffen): Fotolia/Christian Schwier; (Kino): Fotolia/serhiibobyk; (Klavier spielen): Fotolia/Jon; (Musik hören): Fotolia/Drobot Dean; (Rad fahren): Fotolia/_jure – **S. 42** (oben rechts): Fotolia/YakobchukOlena; (unten links): Fotolia/Picture-Factory; (unten rechts): Fotolia/JackF – **S. 44** (oben links): Fotolia/MStock; (oben Mitte): Fotolia/Kzenon; (unten links): Cornelsen Schulverlage/Hugo Herold Fotokunst; (unten rechts): Cornelsen Schulverlage/Hugo Herold Fotokunst – **S. 45** (Bonbons): Fotolia/Nataliia Pyzhova – **S. 45** (Gummibären): Fotolia/emuck; (oben links): shutterstock/CoolR; (oben rechts): Cornelsen/Gunther Weimann; (Popcorn): Fotolia/faija555; (Schokolade): Fotolia/fotoatelie; (Zimtsterne): Fotolia/jd-photodesign – **S. 46** (Brot): Fotolia/photocrew; (Brötchen): shutterstock/orinocoArt; (Butter): Fotolia/akf; (Honig): Fotolia/Sergii Moscaliuk; (Kakao): Fotolia/udomsook; (Käse): Fotolia/Björn Wylezich; (Marmelade): shutterstock/gephoto; (Milch): Fotolia/sommai; (Müsli): Fotolia/by-studio; (Saft): Fotolia/janvier; (Tee): Fotolia/Simone Andress; (Wasser): Fotolia/Zerbor – **S. 47** (alle Smileys): shutterstock/pavlo S; (Apfel): shutterstock/Artem Kutsenko; (Banane): shutterstock/Maks Narodenko; (Brötchen): shutterstock/orinocoArt; (Erdbeere): Fotolia/gitusik; (Marmelade): shutterstock/gephoto; (Milch): Fotolia/sommai; (Mitte links): shutterstock/VH-studio; (Mitte rechts): Fotolia/valiza14; (oben): shutterstock/Asier Romero; (Pausenbrot): shutterstock/Rimma Bondarenko; (Saft): Fotolia/janvier; (unten): Fotolia/Aleksei Potov; (Wasser): Fotolia/Zerbor – **S. 48** (Banane): Cornelsen Verlag/Mona Ostermann; (Birne): Cornelsen Verlag/Mona Ostermann; (Erdbeere): Cornelsen Verlag/Lina Sokolowski; (Gurke): Cornelsen Verlag/Mona Ostermann; (Milch): Fotolia/nataliahubbert; (Möhre): Cornelsen Verlag/Lina Sokolowski; (Pilz): Cornelsen Verlag/Mona Ostermann; (Tee): Fotolia/maltiase – **S. 50** (oben links): Fotolia/M. Schuppich; (oben rechts): Fotolia/taddle – **S. 51** (Brötchen): shutterstock/orinocoArt; (Filmstills): Cornelsen/Kids Interactive; (Fisch): Fotolia/azure; (Gummibären): Fotolia/emuck; (Kekse): Fotolia/Marina Lohrbach; (Milch): Fotolia/sommai – **S. 52** (A): shutterstock/goodluz; (B): Fotolia/Valua Vitaly; (C): Fotolia/Ramona Heim; (Tapete): shutterstock/Irtsya – **S. 53** (D) : Fotolia/Ingo Bartussek; (E): Fotolia/drubig-photo; (Tapete): shutterstock/Irtsya – **S. 54** (A): Fotolia/Syda Productions; (B): Fotolia/Robert Kneschke; (C): Fotolia/Nichizhenova Elena; (links): shutterstock/Iakov Filimonov; (unten Mitte): shutterstock/Kseniia Perminova; (unten rechts): shutterstock/Andy Dean Photography – **S. 55** (Mund unten): Cornelsen Schulverlage/Hugo Herold Fotokunst; (Zahlen oben): Cornelsen/Marina Goldberg – **S. 56** (1. Reihe; links): Cornelsen Verlag/Nadia Kaczmarek; (1. Reihe; rechts): Cornelsen Verlag/Jagoda Michalak; (2. Reihe; 1. v. r.): shutterstock/LI CHAOSHU; (2. Reihe; 2. v. l.): Cornelsen Verlag/Nadia Kaczmarek; (2. Reihe; 2. v. l.): Cornelsen Verlag/Nadia Kaczmarek; (2. Reihe; 2. v. r.): Cornelsen Verlag/Nadia Kaczmarek; (3. Reihe; 1. v. l.): Cornelsen Verlag/Nadia Kaczmarek; (3. Reihe; 1. v. r.): Cornelsen Verlag/Nadia Kaczmarek; (3. Reihe; 2. v. l.): Cornelsen Verlag/Lina Sokolowski; (3. Reihe; 2. v. r.): Cornelsen Verlag/Nadia Kaczmarek; (Foto oben): Cornelsen/Hugo Herold- Fotokunst, Michael Herold – **S. 58** (Foto): Fotolia/JFL Photography – **S. 59** (Foto): shutterstock/Anna Jedynak – **S. 60** (A): Fotolia/detailblick-foto; (B): shutterstock/Julia Pleskachevskaia; (C): Fotolia/ismotionprem; (D): Fotolia/A.KaZaK; (E): shutterstock/shkvarko – **S. 62** (oben): shutterstock/William Booth; (unten): Fotolia/eyetronic – **S. 64** (Affe): shutterstock/Pavel K; (Elefant): shutterstock/bartamarabara; (Esel): shutterstock/Zhenyakot; (Giraffe, Nashorn): shutterstock/Chikovnaya; (Hase): shutterstock/Kolesnikov Vladimir; (Kamel): shutterstock/Flipser; (Krokodil): shutterstock/Les Perysty; (Papagei): Shutterstock/Maquiladora; (Pferd, Hund, Schaf, Huhn, Katze, Kuh): Fotolia/winterbilder; (Pinguin): Shutterstock/Maquiladora; (Schwein): shutterstock/3xy; (Würfel): Fotolia/schattensteller; (Zebra): Shutterstock/Mirifada – **S. 65** (Filmstills): Cornelsen/Kids Interactive – **S. 66** (Adventskalender): Fotolia/Lucky Dragon; (Adventskranz): shutterstock/SP-Photo; (Basteln): Fotolia/thingamajiggs; (Kekse backen unten): shutterstock/NATALIA61; (Meerschwein): Cornelsen Verlag/Lina Sokolowski; (Plätzchen): shutterstock/Natalia Lebedinskaia; (Schokolade): shutterstock/m_ede; (Sterne): Cornelsen Verlag/Lina Sokolowski; (Tannenbaum): Cornelsen Verlag/Lina Sokolowski – **S. 67** (Foto Stern): Fotolia/electriceye; (Foto Zeichnung): Fotolia/by-studio; (Geschenke): Fotolia/Thomas Söllner; (Kekse): Fotolia/Marina Lohrbach; (Kerze): Fotolia/MichaelJBerlin; (Zeichnung Sterne): Cornelsen Verlag/Lina Sokolowski; (Zeichnung Tannenbaum): Cornelsen Verlag/Lina Sokolowski – **S. 68** (Eier bemalen): Fotolia/ivananikolic; (Eier ausblasen): Fotolia/Digitalpress; (Eier essen): shutterstock/Nejron Photo; (Eier färben): Fotolia/agnieszka_marcinska; (Eier kochen): Fotolia/Krasi Kanchev; (Kind in Wiese): shutterstock/MNStudio; (Kind mit Korb): shutterstock/oliveromg; – **S. 68** (Osternest): Fotolia/aboikis; (Osterstrauß schmücken): Fotolia/ismotionprem – **S. 69** (1. v. l.): shutterstock/oliveromg; (1. v. r.): Fotolia/cromary; (2. v. l.): Fotolia/leonidis97; (2. v. r.): Fotolia/V&P Photo Studio; (Mitte): Fotolia/Maksim Kostenko

Lukas, Mia, Emil, Tom, Lotte und Socke zum Ausmalen, Ausschneiden und Nachspielen von Dialogen.

Tipp: Einen Strohhalm zwischen Vorder- und Rückseite kleben
und das Figurentheater kann beginnen.